Doris Scheliha

Des Amerikaners Wort

1. Band

Doris Scheliha

Des Amerikaners Wort
1. Band

ISBN/EAN: 9783744667463

Hergestellt in Europa, USA, Kanada, Australien, Japan

Cover: Foto ©ninafisch / pixelio.de

Weitere Bücher finden Sie auf **www.hansebooks.com**

Des Amerikaners Wort.

Roman

von

Doris Freiin von Spättgen.

(Verf. von „Durch Sturm zum Hafen.")

Berlin.

Verlag von Otto Janke.

Erstes Kapitel.

Einem glühend rothen Balle gleich stand die Sonne am Abendhimmel, vor dem Scheiden noch einmal die Erde mit zauberisch glänzendem Lichte zu überfluthen. Tief hinein in das stille Krankenzimmer drangen die goldigen Strahlen; sie tanzten und zitterten auf den Bildern an der Wand und spielten neckisch auf dem bunten Muster des Teppichs. Ruhe und Frieden lag über der Landschaft, und die nahen Berge sendeten einen würzigen Duft herüber. Frei und erfrischend strömte dieser zu den weitgeöffneten Fenstern herein, deren Vorhänge zurückgeschlagen waren, damit der Kranke im bequemen Lehnstuhle die Frühlingsluft ungeschmälert genießen sollte. Mit einem einzigen Blicke auf diesen Mann gewann man die Ueberzeugung, daß für ihn die Sonne nicht mehr oft auf- und untergehen, daß er vielmehr bald von allen Mühsalen des Lebens ausruhen würde.

Sein Gesicht war bleich und abgezehrt. Die großen Augen lagen tief in den Höhlen, und die einst wohl edel geformte Nase trat scharf und spitz hervor. Und doch mochte dieser Kopf mit den regelmäßigen Zügen, als die vollen Locken noch nicht ergraut waren, die hellbraunen Augen noch klar und lachend in die Welt hineinschauten, einst schön gewesen sein. Nun aber hatte das Leiden bereits seine unverkennbaren Merkmale in dieses Antlitz eingegraben; Leiden des Körpers, wie der Seele, die traurigen Begleiter des Menschen, hatten ihr Zerstörungswerk hier beinahe beendet. Der Maler Richard Arnold wußte es selbst am Besten, wie es mit ihm stand. Vor Kurzem erst war er nach seiner Heimat, dem schönen Thüringen, zurückgekehrt, um in der ländlichen Abgeschiedenheit seines Hauses, fern von dem rauschenden Getriebe der Welt auszuruhen — zu sterben.

In Rom war es gewesen, wo ihn vor einigen Monaten sein langjähriges Lungenleiden wieder einmal auf das Krankenlager warf und dieses Mal zeigte sich der Anfall schlimmer denn je und wollte sobald nicht weichen. Als der Maler nach qual= vollen Wochen, auf den Arm eines jungen Freundes gestützt, endlich zum ersten Male über die rebenum= wachsene Veranda in den Garten hinaus trat, war

er ein lebensmüder alter Mann geworden, welcher
nur einen Wunsch in dieser Welt noch besaß —
sein einzig Kind und die Heimat wiederzusehen.
Der Warnung des Arztes, wie der dringenden
Bitten seines Freundes — eines jungen Amerikaners
— nicht achtend, reiste Richard Arnold kurze Zeit,
nachdem er das Bett verlassen, ohne Aufenthalt und
so schnell er irgend konnte, nach F . . . . in
Thüringen ab. Mr. Harry Leslie, welcher ihm in
der langen Krankheit treu zur Seite gestanden, be=
gleitete ihn, wohl wissend, daß dies der letzte
Freundschaftsdienst sein würde, den er ihm erweisen
konnte.

Umgeben von den grünen Bergen des Thüringer
Waldes lag des Malers Heim. Hier auf diesem
gesegneten Flecke der Erde, wo er geschaffen und
erworben, hier wollte er auch sterben. Nach dem
frühen Tode seiner Gattin hatte Arnold sich von
der Welt gänzlich zurückgezogen. In der reizend
gelegenen Villa zu F . . . ., die er gekauft, lebte
er einzig und allein seiner zwölfjährigen Tochter
und seiner Kunst. Nur zuweilen regte sich in dem
sonst so stillen einfachen Manne die frühere Wander=
lust — der alte Lebensmuth. Wenn der Schnee
die grünen Zweige der heimatlichen Tannen deckte,

dann trieb es ihn fort nach Italien, dem schönen sonnigen Vaterlande seines heimgegangenen Weibes.

Jetzt aber, bald nach seiner Ankunft zu Hause, fühlte er, daß der letzte Rest seiner Kraft erschöpft sei, daß der finstere Gast bald kommen würde, und er war bereit. Nur ein dunkler Schatten, der Gedanke an die Zukunft seines Kindes, trübte ihm den Frieden der letzten Stunden und nahm ihm die Ruhe zum Sterben.

Auch in diesem Augenblicke schaute der Kranke nicht nach dem goldigen Sonnenballe, der nun beinahe zur Hälfte hinter den grünen Bergen verschwunden war. Forschend, fast ängstlich, sah er hinüber nach dem jungen Manne, welcher, an einem der offnen Fenster stehend, ihm halb den Rücken wandte und die Blicke über die liebliche Landschaft schweifen ließ. Mit Wohlgefallen und mit dem Auge des Künstlers betrachtete der Maler die kraftvolle schöne Mannesgestalt. Und gewiß mußte auch Jeder, der Harry Leslie sah, sofort für ihn eingenommen sein. Denn selten wohl spiegelten sich auf einem Antlitze alle Eigenschaften und Vorzüge des Charakters mit solcher Deutlichkeit ab, wie es hier der Fall. Der intelligente Kopf mit den kurzgeschnittenen blonden Haaren saß stolz auf der großen Figur mit den breiten Schultern und wenn auch die feinen, fast mädchenhaften Linien

der Stirne und des Kinnes, wie der zierliche Schnurr=
bart, der die Lippe bedeckte, ihn jünger erscheinen
ließen — denn er zählte bereits sechsundzwanzig
Jahre — so genügte ein einziger Blick in die
ruhigen lichtgrauen Augen, um überzeugt zu sein,
daß Harry Leslie in dem Labyrinthe des Lebens
sich bereits gut und sicher zurecht gefunden und den
richtigen Weg nicht mehr verfehlen würde.

Die innige Freundschaft zwischen dem gereiften
Manne und dem jungen Ausländer bestand schon
einige Jahre. In Rom hatte sie begonnen, wo
Richard Arnold sich einst mit Todesverachtung den
scheuen in voller Carrière daher jagenden Pferden
Harry Leslie's, die das leichte Gefährt mit ihrem
Lenker, wie einen Spielball hin= und herschleuderten,
entgegen geworfen und die rasenden Thiere durch
einen eisenfesten Griff zum Stehen gebracht hatte.
Seit vier Jahren widmete nun der lebensfrohe Ameri=
kaner seine Zeit ausschließlich dem Vergnügen und,
wie er oft scherzend meinte, seinen Studien in
Europa. Familienzwistigkeiten trieben ihn damals
aus der Heimat. Der junge Geschäftsmann warf
Kontobücher und Börsenberichte bei Seite und wandte
ergrimmt dem Elternhause den Rücken.

Sein Vater Mr. Andrew Leslie, der reiche
New=Yorker Handelsherr, hatte sich im sechszigsten

Lebensjahre noch einmal verheirathet, dadurch seinem
Haushalte, der zwei Jahrzehnte die leitende Hand
entbehrte, die Herrin wiedergebend. Harry erhielt
außerdem noch eine Schwester, da die verwittwete
Mrs. Dalton ein reizendes blauäugiges Töchterchen
in die neue Heimat mitbrachte. Der damals etwa
zweiundzwanzig Jahre alte Sohn konnte und wollte
sich durchaus nicht in dieses neue Verhältniß finden.
Er stellte sich der zweiten Frau des Vaters schroff
und feindlich gegenüber, erklärte ganz offen das
sanfte schmiegsame Wesen, das viele Kirchengehen
und Bibellesen derselben für Heuchelei und bedauerte
von Herzen den alten Herrn, der sich zu diesem un=
überlegten Schritte hatte verleiten lassen. Frühe
selbstständig, wie die meisten jungen Amerikaner und
ausgestattet mit den glänzendsten Mitteln, da Mr.
Andrew Leslie seinen einzigen Sohn zärtlich liebte
und in jeder Beziehung ein generöser nachsichtiger
Vater war, schob der junge Mann die Rückkehr von
Woche zu Woche hinaus. Arbeit und Sorgen kommen
ja, wie er meinte, noch frühe genug. Also warum
nicht in vollen Zügen das Leben genießen, welches
ja ohnehin so kurz ist! Jetzt aber zeigten sich ihm
freilich auch dessen trübe Seiten, jetzt befand er sich
im Krankenzimmer seines liebsten Freundes, des
Menschen, der so wunderbar mit ihm sympathisirte,

der seine in religiöser, wie in politischer Beziehung etwas freien Ansichten vollkommen theilte, seinen starren Sinn zu mildern und zu lenken, das jugendlich heiß aufwallende Blut allein zu beruhigen verstand.

Eben jetzt dachte Harry Leslie darüber nach, daß wenn Richard Arnolds müde Augen sich für immer würden geschlossen haben, er auch heim wollte zu seinem alten Vater, der schon so lange der Liebe und Stütze eines Sohnes entbehrte. —

Die Sonne war nun verschwunden und besorgt und liebevoll blickte der Amerikaner nach dem Leidenden hinüber, welcher ihm die Hand entgegenreichte und freundlich fragte:

„Willst Du Dich, bitte, einige Minuten zu mir setzen, Harry! Ich möchte etwas mit Dir besprechen. Heute ist mir so ungewöhnlich leicht und wohl zu Muthe. Hier nimm meine Rechte!" Der junge Mann war dicht an seine Seite getreten. „So! Vielleicht ist es heute das letzte Mal, daß wir so traulich beisammen sind."

Harry Leslie drückte die heißen trocknen Finger fester und indem er liebevoll in die fieberhaft unruhigen Augen des Freundes blickte, entgegnete er im reinsten fließendsten Deutsch beruhigend und zärtlich:

„Quäle Dich doch nicht mit trüben Gedanken, Richard! Du bist gar nicht so krank, als Du Dir einbildest. Ich fürchte nur, das Reden wird Dich anstrengen und aufregen. Bedenke die Nacht!"

„Nein, nein!" versetzte der Maler fast unge= duldig. „Wer weiß, wie es morgen mit mir steht. Ich hätte überhaupt längst mit Dir sprechen und alle Bedenken aufgeben sollen. Wer dem Ende so nahe ist, als ich es bin, der darf nicht länger zögern und verschieben. Weißt Du es denn eigentlich, daß ich unter allen meinen Freunden auch nicht einen einzigen wärmer und inniger liebe, wie Dich, Harry; mit Deinem gediegenen Charakter, Deinem tiefen Gemüthe? — Bitte, lasse mich ausreden —; Du willst der Welt stets abstreiten, daß ein zärtlich fühlendes Herz in Deiner Brust wohnt. Du zeigst immer nur die rauhe Schaale desselben. Ich kenne Dich besser. Mir bist Du allzeit als das Vorbild eines edlen vortrefflichen Menschen erschienen, dem man sein Hab und Gut, ja sein liebstes Kleinod anvertrauen könnte. Und gerade das möchte ich! Willst Du in Zukunft Dich meines verwaisten Kindes annehmen?"

Ueberrascht sah der junge Mann auf. Er hatte mehrere Male den Freund unterbrechen wollen. Die letzten leiser gesprochenen Worte desselben ließen ihn

jedoch verstummen. Für Augenblicke lag das tiefste
Schweigen über dem schon dämmerig werdenden
Zimmer. Deutlich hörte man das leise Ticken der
goldenen Taschenuhr, die an der Seite des Kranken
auf einem Tische lag.

„Meine Frage scheint Dich zu überraschen,
Harry? Das zeigt mir Dein Gesichtsausdruck.
Aber das Verlangen, meine Bitte, die ich an Dich
richten will, ist groß und inhaltsschwer, zugleich ein
Monate lang durchdachter Plan. Willst Du der
Vormund meiner Ria werden?"

Ueber das intelligente Gesicht des Amerikaners
flog es im Momente, wie eine Wolke. Dann aber
richtete er sich etwas auf und sagte mit seiner klang=
reichen, tiefen Stimme:

„Wenn Du Deine Tochter mir anvertrauen
willst, Richard! so ist dies ein neuer Beweis Deiner
Freundschaft und Liebe für mich. Gewiß will ich
es. Man sagt ja bei Euch Deutschen: ‚Wem Gott
ein Amt giebt, dem giebt er auch Kraft und Ein=
sicht, dasselbe zu verwalten.' Es wird von nun an
meine Lebensaufgabe sein, Deinem Kinde rathend
und schützend zur Seite zu stehen. Nur mache ich
Dich aufmerksam zu bedenken, daß ich als Ausländer
Vormund im eigentlichen Sinne des Wortes nach
Euren Gesetzen nicht sein darf, daß also in erster

Reihe für Dein unmündiges Kind ein Pfleger er=
nannt werden muß."

„Ich staune über Deine genaue Kenntniß in
juridischen Sachen!" erwiderte der Kranke mit halbem
Lächeln. „Gewiß ist das nöthig, und ich dachte
bereits daran. Doch lassen wir im Augenblick die
Formen bei Seite, Harry! Dich als meinen Freund
autorisire und bevollmächtige ich einzig und allein
endgültig über die Zukunft, das Vermögen, wie
das Wohl meines Kindes zu entscheiden."

„Dein Vertrauen ehrt und freut mich in tiefster
Seele!" sagte Mr. Leslie tief bewegt. „Nimm mein
heiligstes Wort, daß ich bei Allem nach besten
Kräften und Gewissen handeln werde, in Deinem
Sinne!"

„Ich danke Dir, Harry!" war Alles, was der
Maler darauf entgegnete. Er schloß die Augen und
abermals trat eine Stille ein.

Mr. Leslie erhob sich leise, um die Vorhänge
und die Fenster zu schließen, weil das purpurne
Licht, womit der Himmel übergossen war, den
Kranken blenden mußte. Zwar schien es, als sei
er eingeschlummert; allein Richard Arnold wachte.
Indem er plötzlich die Augen öffnete, hielt er den
Freund zurück und sagte:

„Ich bin noch nicht zu Ende, Harry! Bitte,

schließe die Fenster später. Lasse noch eine Weile das rosige Licht hereinströmen! Ich will Dir etwas zeigen, und dazu brauche ich es. Willst Du dort drüben den Vorhang von jenem Bilde entfernen?"

Der junge Mann trat an den Schreibtisch, über welchem ein mit grüner Seide verhangenes großes Bild hing. Wen oder was es vorstellte, wußte er nicht; denn immer, wenn er nach des Malers Villa kam, hatte er es umhüllt gesehen, wie heute. Langsam und vorsichtig schob er den leichten Stoff bei Seite. Doch schon in demselben Momente entschlüpfte ein lauter Ausruf seinen Lippen:

"O wie wundervoll! Wer ist das, Richard?"

Und wunderschön war sie in der That, diese Frauengestalt, die aus dem Rahmen heraus zu treten schien, mit der unvergleichlich edlen Wendung des Kopfes und den strahlenden braunen Augen. Das offene Leibchen der mattrosa Atlasrobe ließ die herrlichen Schultern und Arme in ihrer vollen Schönheit sehen. Dieser köstlich lebenswarme Fleischton allein war ein Meisterstück des Malers. Aschblonde Locken ringelten sich um Stirn und Nacken und wurden nur von einem breiten goldenen Diadem zusammengehalten. Richard Arnold gönnte seinem Freunde, welcher in den Anblick des Kunstwerkes völlig versunken dastand, eine geraume Zeit, dasselbe zu betrachten.

Einst hatte er selbst das Bild gemalt. Doch lange wohl mochte es her sein, seit der Vorhang davon entfernt worden. Heute wollte er ja Abschied nehmen. —

„Es ist meine verstorbene Gattin, Harry, die Fürstin Maria C . . . .!" sagte er, wie vorstellend, nach einer Weile. „Mein Weib, die Mutter Ria's! Ich habe Dir von ihr wohl nie erzählt? Es war auch nur ein kurzes Glück!"

Mr. Leslie nahm wieder seinen Platz neben dem Kranken ein, dessen fieberhaft glänzende Augen unverwandt auf dem herrlichen Bilde ruhten.

„Ja, ein kurzer Traum von Lieb' und Treue!" fuhr Richard Arnold tief aufseufzend fort. Aber er endete mit einer schrillen Dissonanz. Das Menschen= herz hat auch seine Saiten, und wenn dort einmal eine gesprungen ist, da läßt die Harmonie sich nicht wiederherstellen. In Rom habe ich meine Frau kennen gelernt, wo sie bei einer alten Tante, einer Marchesa P . . . . ., in gänzlicher Abhängigkeit von derselben lebte. Mailänderin von Geburt, war sie eine arme Waise, doch in ihrer Zukunft durch die immensen Reichthümer der Tante gesichert, wie es schien. Allein es sollte anders kommen. Wir sahen und liebten uns, und da nichts in der Welt die stolze alte Frau bewogen hätte, dem namenlosen

Maler ihre Nichte zum Weibe zu geben, da alles Flehen Maria's vergeblich blieb, so entführte ich das schöne Mädchen. Die alte Marchesa ist bald darauf gestorben, ihr ganzes Vermögen der Kirche hinterlassend. Uns Beiden verursachte dies weder Neid, noch Kummer. Zu unserem Bunde bedurften wir keines Reichthums. Arbeit hatte ich ja auch stets in Hülle und Fülle, um meiner an Luxus und Comfort gewöhnten Gattin alle kleinlichen Sorgen fern zu halten. So vergingen mehrere Jahre des ungetrübtesten Glückes. Ria wurde geboren. Nur schien es mir oft, als ob ein heimlicher Kummer die junge Frau bedrücke. War es die Reue oder das Heimweh? Ich weiß es nicht. Nach Italien waren wir nicht wieder gekommen. Die Sommermonate verbrachten wir meist in der Schweiz, den Winter in Paris. Und dort hatten wir die Bekanntschaft eines jungen italienischen Conte gemacht, eines schönen geistvollen Mannes, doch eines Teufels in Menschengestalt, der das heilige Band unserer Ehe mit tückischer Hand lockerte, mit raffinirten Ueber=redungskünsten das Herz meines Weibes mir ab=wendete, es zu Stande brachte, mit ihr zu ent=fliehen! Ich muß damals wie ein Schlafwandelnder oder wie ein Blinder einhergegangen sein. Plötz=lich fielen mir jetzt die Schuppen von den Augen, ich erwachte jäh! Daß ich nicht Selbstmord oder eine andere Thorheit in meiner Verzweiflung beging, das danke ich Ria. Das unschuldige Kind konnte ja nicht ganz schutzlos in dieser Welt voll Lug und Trug zurückbleiben. Wohl vierzehn Tage nach der Flucht erhielt ich ein Telegramm aus einem Orte an der italienischen Grenze — nur wenige Worte — von ihr! Ich sollte kommen, sie wäre sterbenskrank. Natürlich reiste ich. So ist nun einmal das Herz, schwach und inkonsequent! Mein eigenes Leid war vergessen; — ich dachte nur an sie!" —

Richard Arnold machte eine Pause. Den bleichen Kopf zurückgelehnt, deckte er für eine Weile die Hand über die Augen. Es schien, als wolle er neue Kräfte sammeln oder seine tiefe Bewegung verbergen.

„Wir sahen uns wieder," nahm er endlich abermals das Wort, „doch nur für kurze Zeit. Schon wenige Tage nach meiner Ankunft wurde sie hinaus nach dem kleinen stillen Friedhofe getragen. Ein typhöses Fieber hatte die blühende Frau hinweggerafft. Ich habe ihr verziehen. Als mir Maria jedoch, noch ehe ihr Geist sich völlig umnachtete, gestand, daß sie rein und unberührt von der Sünde aus dieser Welt scheide, da stürzte ich

vor ihrem Lager auf die Knie. Wohl bin ich im
Leben nie besonders fromm und gläubig gewesen;
in diesem Momente aber erkannte ich die Güte und
Allmacht des großen Gottes. Sein Werk — dieses
schöne Geschöpf — sollte nicht das Opfer eines
Wüstlings werden. Ihre reine Seele nahm er
zurück in das Reich des Friedens! — Und in dem
Gedanken fand ich Ruhe. Das ist die kurze Geschichte meines Glückes und Elends, Harry!"

Mr. Leslie erhob sich leise und schloß die
Fenster, da ein kühler Wind die Vorhänge bewegte.
Es war Ende April, wo die Abende, besonders in
den Bergen, noch auffallend frisch sind. Die traurige
Erzählung des Malers hatte ihn tief ergriffen, und
inniges Mitleid mit dem Freunde ließ zwei helle
Tropfen in den grauen Augen aufsteigen, welche
aber zu verbergen er sich sichtlich bemühte. Ihm
selbst war das Leben ja bisher nur lauterer Sonnenschein gewesen. Wie wohl dem Sterbenden dort
auch einst solch' jugendlich heißes Herz, gleich ihm,
in der Brust geschlagen — wie waren doch alle
seine Hoffnungen geknickt worden!

„Nun habe ich noch eine letzte Bitte an Dich,"
begann der Kranke wieder, und seine Stimme klang
dabei, indem die eingesunkenen Augen ängstlich sich
auf Harry Leslie richteten, fast zögernd. „Diese

Bitte ist sehr sonderbar, die Menschheit würde viel=
leicht sagen, wider die Moral. Doch was kümmert
mich die Welt; mit ihr habe ich längst abgeschlossen.
Und daß Du, mein Freund, mich nicht falsch be=
urtheilst, weiß ich. Es giebt nur zwei Wesen auf
dieser Erde, die ich liebe, das bist Du, Harry,
und Ria, mein theures Kind! Darum möchte ich,
daß meine Liebe noch über das Grab hinaus ein
Band um Euch schlänge! Kannst Du nicht errathen,
was ich so von ganzem Herzen wünsche?"

Der junge Mann, der noch immer am Fenster
stand und in die zunehmende Dämmerung schaute,
wandte bei diesen Worten dem Freunde das Ge=
sicht zu.

„Ja, Du erröthest, Harry! Du hast mich ver=
standen. Ein Versprechen kann ich Dir nicht ab=
nehmen. Denn ein Höherer lenkt unsere Geschicke!
Wir können nur hoffen und wünschen. Aber es
ist der letzte Wunsch, welchen ich hienieden habe,
daß — daß Du Ria einst Dein Weib nennen
möchtest! An Deinem treuen Herzen wüßte ich
mein verlassenes Kind geborgen. Willst Du mir
das Eine nur versprechen, daß Du später, wenn
Maria's Erziehung durch Fräulein Werner vollendet
sein wird, mein Kind in Deine Heimat kommen
lässest? Lernet Euch kennen, und kannst Du sie

dann einstmals lieben, Harry! so denke an meinen letzten Wunsch! Ich ahne, daß Ihr glücklich sein werdet," fügte er, wie prophezeiend hinzu, „vielleicht bald, vielleicht nach Kämpfen! Denn in welchem Leben bleiben diese aus! So — nun weißt Du Alles, mein Freund! Komm her zu mir und sieh' mir offen und ehrlich in die Augen, ob Du mich heute — zum letzten Male — verstanden hast?"

Mr. Leslie trat zum Sessel des Kranken. In seinem sonst so gleichmüthigen Antlitze kämpfte eine tiefe Erregung. Ja, die Bitte Richard Arnolds war wirklich sonderbar. Sollte er, der sechsundzwanzigjährige Mann, dem die Welt mit ihren Freuden glänzend winkte, jetzt schon, auf Jahre hinaus, sich binden? Und dann wieder sah er im Geiste Ria, das schöne schlanke Kind vor sich stehen, dessen trotzige dunkle Augen ihn stets mißtrauisch, wie eifersüchtig auf die Liebe des Vaters zu ihm, angeblickt, jede seiner herzlichen Annäherungen schroff und scheu zurückgewiesen hatten. So ernst der Moment auch war, so spielte dennoch bei diesem Gedanken ein fast unmerkliches Lächeln um seinen Mund. Welche Zumuthung stellte ihm der kranke Mann? Schon schwebten ihm abweisende Worte auf den Lippen, als sein Blick die angstvoll und

flehend auf ihn gerichteten Augen Richard Arnolds
traf. Sollte er dem alten Freunde diesen letzten
Wunsch versagen? Nein, nimmermehr, mochte
kommen, was immer das Schicksal in seinem
Schooße barg! Bis zu jener Zeit lagen noch
Jahre vor ihm. Vielleicht auch war es ihm so be=
stimmt. Daher seine Hand auf des Malers Arm
legend, beugte er zu ihm sich liebevoll hinab und
sagte mit ruhiger, doch etwas zitternder Stimme:

„In dieser ernsten Stunde hier verspreche ich
Dir, Richard, daß ich nicht allein der Vormund
Deines Kindes sein, nein, daß ich auch, so Gott
es will, Ria einst mein Weib nennen werde! Wenn
sie Dir gleicht, mein Freund, Deinen Charakter und
Dein Herz geerbt hat, so ist dies eine sichere Bürg=
schaft für mein Glück!"

„Gott segne Dich dafür, Harry!" entgegnete
Richard Arnold mit einem verklärten Blicke in das
schöne edle Antlitz des jungen Amerikaners. „Nun
will ich schlafen; meine Mission auf Erden ist voll=
endet!" — —

Und das sollte er auch. Sanft und schmerzlos
führte ihn der Tod, wenige Tage nach jener be=
deutsamen Unterredung, hinüber in das Jenseits.

Alle traurigen Pflichten, die nach einem
Todesfalle zu erfüllen sind, übernahm Harry Leslie.

Die Villa sollte, dem Wunsche des Verstorbenen
gemäß, seinem Kinde verbleiben, da die Interessen
von Arnolds nicht unbedeutendem Vermögen, welches
er fortan dem von Richard Arnold ernannten Pfleger
in Verwaltung gab, genügend zur Bestreitung des
Haushaltes, wie zur Erziehung der verwaisten
Tochter sich erwiesen. Dieselbe blieb noch immer
unter dem Schutze ihrer treuen Lehrerin und mütter=
lichen Freundin, Fräulein Clara Werner, deren
Händen das Kind schon seit Jahren anvertraut ge=
wesen war.

Allein noch ehe Mr. Leslie's Brief, worin er
seinem Vater die Rückkehr nach der Heimat meldete,
in New=York angelangt sein konnte, erhielt er durch
ein Telegramm der Stiefmutter die schmerzliche
Nachricht: Mr. Andrew Leslie sei plötzlich vom
Schlage getroffen, seine Stunden wären gezählt.
Und bereits am nächsten Morgen kam eine zweite
Depesche, sein Vater war todt!

Ein tiefer leidenschaftlicher Schmerz bemächtigte
sich Harry's. Bittere Reue und die quälendsten
Selbstanklagen wühlten in seinem Herzen. Den
Vater nicht mehr wiedersehen, die Heimat leer
finden, das waren schmerzvolle Gedanken! Doch
das Gefühl, er sei nun Herr und Gebieter dort in
dem schönen großen Hause, wo seine Mutter gelebt

2*

und gestorben, er sei zugleich Herr über Millionen,
das Alles mahnte ihn an die auf ihn übergegangenen
Pflichten. Sein Vater hinterließ ihm außer dem
Baumwoll=Geschäfte in New=York ausgedehnte Plan=
tagen in Süd=Carolina, was seine sofortige Rück=
kehr bedingte. Ja, er wollte jetzt wieder mit Leib
und Seele Kaufmann sein, wie früher, und mit
sicherer Hand das ganze große ihm anvertraute
Gut verwalten. Die alte Energie erwachte. Es
drängte ihn fort nach Amerika, und den kürzesten
Weg über England wählend, langte er mit dem
schnellen englischen Steamer „Russia" wohlbehalten
in seiner Vaterstadt an.

Das Testament Mr. Andrew Leslie's war sehr
einfach. Es bestimmte den Sohn natürlich zum
alleinigen Erben, für Mrs. Leslie und deren Tochter
eine sehr glänzende Jahresrente festsetzend, nur mit
der einen Bedingung und Einschränkung für ihn,
daß Beide, falls es deren Wunsch sei, Aufenthalt
in seinem Hause nehmen und behalten könnten.

Mrs. Leslie blieb selbstverständlich und kam
bei der Rückkehr ihrem Stiefsohne gewinnend freund=
lich entgegen. Jedes harte Wort von früher war
vergessen, und es schien fast, als wolle sie ihm sein
Heim so angenehm wie möglich machen. Er ließ
sie gewähren, da die Zeit ihn selbst, wie auch die

Verhältnisse, seine Stellung völlig geändert hatten,
er nebenbei auch froh war, der kleinlichen Haus=
haltungssorgen überhoben zu sein.

So standen die Dinge nach seiner Ankunft in
New-York. Dem gefaßten Vorsatze war er treu ge=
blieben. Sein Geschäft blüht; er ist ein geachteter Mann
in der Handelswelt, und wird geliebt und geehrt
von seinen Freunden. Richard Arnolds Bild hängt
über seinem Schreibtische, und als er eines Abends,
müde von der Arbeit ausruhte, blickte er empor zu
dem alten Freunde seiner Jugend und flüsterte
wehmüthig: „Ich halte Wort, was auch die Zukunft
bringt, ob Glück, ob Leid — chi lo sa!"

Zweites Kapitel.

Sechs Jahre sind vergangen. Sechs Mal waren die Linden um Maria Arnolds Villa in F . . . grün geworden, und ebenso oft hatte sich der üppige wilde Wein, welcher Harry Leslie's Haus umzog, dunkelroth gefärbt.

An einem trüben feuchten Aprilmorgen war es, als zwei Damen in einem einfachen Wagen über die Fähre von Hoboken nach New=York der V. Avenue zu fuhren. Es regnete nicht eigentlich, nur ein eisigkalter dichter Nebel lag über der City, was die engen Straßen der unteren Stadt noch düsterer er= scheinen ließ, als es sonst der Fall. Sogar der Broadway, in den das Cab eben einbog, sah heute einsam, fast melancholisch aus, und die verhältniß= mäßig wenigen Fußgänger, welche ihn passirten, eilten flüchtigen Fußes ihren Geschäften nach.

Die Insassen des Wagens waren Maria Arnold und Fräulein Werner. Mit vierzehntägiger Fahrt

hatten sie die Tour über das Meer glücklich zurück=
gelegt, und wollte die letztere es sich nicht nehmen
lassen, ihre Schutzbefohlene dem Vormunde selbst
zu übergeben. Eine ziemliche Strecke mochten
sie bereits gefahren sein, als endlich die jüngere
der Damen das Schweigen brach und, indem sie
den dichten Schleier des Reisehutes tief über das
frische Gesicht zog, zu ihrer Begleiterin sagte:

„Wie entsetzlich unfreundlich ist es hier. Siehe
nur diese düsteren hohen Häuser, Tante Clara!
Ach ich kann es noch immer nicht fassen und glauben,
daß mein Vormund uns aus unserer schönen fried=
lichen Heimat herausgerissen hat und mich nun
à tout prix in diesem Lande festhalten will. Hier
soll ich fortan leben! Auf dem Schiffe fühlte ich
das Heimweh wirklich nicht so arg; denn die Reise
und die Neuheit der Eindrücke waren interessant.
Aber nun kommt es mit Macht über mich!"

Zwei dicke Thränen rollten, während sie sprach,
unter dem Schleier hervor auf den Schooß hinab.
Nach einigen Minuten fuhr sie, aus dem Wagen=
fenster blickend, fort:

„Dies hier ist gewiß die V. Avenue, Tante,
von der Mr. Leslie uns immer mit solcher Emphase
schrieb. Ich finde, diese großen Paläste machen
einen entsetzlich steifen und langweiligen Eindruck!"

„Gedulde Dich mit Deinem Urtheile nur bis morgen, Ria! Bei solch' einem Wetter sieht Alles traurig und öde aus. Du hast Dich in eine so erbitterte Stimmung hineingedacht, daß nichts vor Deinen Augen Anerkennung finden würde," entgegnete Fräulein Werner mit sanften Worten. „Blicke doch nicht so finster und verzweifelt, mein Liebling! Mr. Leslie will ja nur Dein Bestes. Davon bin ich fest überzeugt. Du bist jetzt achtzehn Jahre, kannst daher nicht länger unter den Fittichen Deiner alten Gouvernante bleiben. Nein, Ria, das geht nicht! Glaubst Du, ich hätte Dich nur deshalb zu einem so verständigen, praktischen Mädchen erzogen, damit Du niemals in die große Welt kommst, schließlich als alte Jungfer Deine Tage hinbringst?" fügte sie scherzend hinzu, während sie den Arm um die Schultern der jungen Dame zog. „Vorläufig, das heißt, für einige Wochen bleibe ich ja noch bei Dir, und dann ist mir Mr. Leslie's ehrenhafter Charakter gut für Dein ferneres Wohlergehen."

„Aber ich glaube bestimmt, daß mein Vormund und ich uns niemals werden so recht vertragen können," erwiderte Maria heftig. „Wie hat er sich doch seit des Vaters Tode um jede Kleinigkeit in unserem Hause gekümmert — das weißt Du —

troy der weiten Entfernung. Seine Briefe waren
mir schon verhaßt. Daraus sprach allein nur der
Geschäftsmann; als wenn ich auch so ein Stück
Waare wäre, was abgeschätzt und verhandelt werden
müßte. Ich will mich ihm nicht fügen, gutwillig
nicht! Es steckt nun einmal keine Lammsnatur in
mir, Tante Clara! Besinnst Du Dich noch, wie
er damals vor Jahren mir schon imponiren wollte?
Lächerlich! Heute bin ich jedoch kein Kind mehr,
und das will ich ihm gleich von vorn herein sagen!
Gott Lob! In drei Jahren werde ich majorenn,
und dann bin ich ihn los!"

„Du mußt nicht undankbar sein, Ria!" sagte
darauf die alte Dame ernst. „Was Mr. Leslie
thut, geschieht lediglich aus Liebe für Deinen seligen
Vater. Er läßt Dir Dein Vermögen umsichtig
und gewissenhaft verwalten. Dein Wohl liegt ohne
Frage ihm am Herzen, und Du hast ja in der
ganzen Welt keine andere Stütze, als ihn."

„Leider ist es so!" erwiderte diese seufzend.
„Ich will ja zugeben, daß Mr. Leslie als Mann
sehr vortrefflich ist, als Vormund ist er mir, ganz
offen zu Dir gesagt, unausstehlich! Manchmal
könnte ich ihn fast hassen, wie mir überhaupt Alles,
was Amerika bedeutet, was Amerikaner heißt, un=
sympathisch ist. Diesen Geldmenschen, die für alles

Schöne und Erhabene keinen Sinn und kein Ver=
ständniß besitzen, denen ein einziger Dollar mehr
gilt, als ein Dutzend Menschenleben, diesen soll ich
nun nähertreten, soll drei lange Jahre unter ihnen
wohnen, soll . . .“

„Ria!“ unterbrach sie Fräulein Werner lächelnd,
die Hand des jungen Mädchens in die ihre nehmend.
„Lasse doch jetzt dieses Thema, ich bitte Dich! Aber
schreibe mir später, vielleicht in einem halben Jahre,
ob Du dann noch ebenso über Mr. Leslie denkst!“

„Das will ich thun,“ entgegnete Maria nun
auch heiterer. „Doch fürs Erste bin ich recht neu=
gierig, ihn wiederzusehen. Wirklich, Tante! —
Aber siehe doch, wir fahren mit einem Male lang=
sam. Ja, wahrhaftig, da sind wir schon! Du
hast doch dem Kutscher die Nummer deutlich gesagt?
Jetzt, Götter, steht mir bei!“

Der Wagen hielt, nicht vor einem der stolzen
Paläste, wie sie, die V. Avenue entlang, aufgereiht
stehen, sondern vor einem großen, mehr im alt=
englischen Landhausstile erbauten Gebäude, welches,
von der Straße eine Strecke ab, in einem recht
umfangreichen Garten stand. Das auf zwei Säulen
ruhende Portal und die ganze Front desselben war
mit wildem Wein bewachsen. Im Sommer mochte
das eine große Zierde sein; doch jetzt in den ersten

Tagen des April, wo nur hier und da sich erst
ein grünes Blättchen zeigte, trug das todte Ranken-
gewirre keineswegs zur Verschönerung des Hauses
bei. Die Besitzung selbst aber sah recht stattlich
und behaglich aus. Die grünen Jalousieen waren
geöffnet und ließen dahinter die hohen Spiegel-
scheiben mit den eleganten Spitzenvorhängen erkennen. Harry Leslie's Heim war entschieden schön,
obgleich es einen ganz anderen, viel einfacheren
Eindruck, als die Nachbargebäude, machte. —

Ehe der Kutscher noch vom Bocke geklettert war,
standen auch schon, wie aus der Erde gezaubert,
zwei schwarze Wollköpfe am Wagen und öffneten
mit der ihnen eigenen Behendigkeit den Schlag.
Die kleine eiserne Gitterpforte, welche den Vorgarten
mit der Straße verband, fiel ins Schloß und Maria
Arnold betrat das Haus ihres Vormundes.

„Würdest Du es nicht auch artiger von Mr.
Leslie gefunden haben, wenn er selbst uns am
Dampfer abgeholt hätte, Tante?" fragte diese leise.

Und als ob einer der Neger, ein alter Mann
mit graumelirten Kraushaaren ihre Worte verstanden,
entgegnete er sogleich:

„Mr. Leslie wird sehr bedauern, die Damen
verfehlt zu haben, da er selbst nach Hoboken an
den Steamer gefahren ist."

Hierauf schritt er ihnen voran, sie durch eine Handbewegung, welche einem Haushofmeister des ersten europäischen Hotels Ehre eingelegt hätte, auffordernd, ihm die teppichbelegten Stufen hinaufzufolgen. In der zweiten Etage machte er halt und sie betraten ein großes elegant ausgestattetes Zimmer mit einem weichen Teppiche und einem anheimelnden Kohlenfeuer. Zwei Oelbilder „Washington unter seinen Generälen" und ein prachtvolles Porträt von Abraham Lincoln, Beide in Lebensgröße, zierten die Wände.

Maria war etwas vorausgeschritten und stand, wie in tiefen Gedanken, vor dem Bildniß des Vaters der Republik, während Fräulein Werner mit ziemlich besorgter Miene die Bewegungen ihres Schützlings beobachtete.

„Ja, Tante Clara! ich weiß es nun wirklich und wahrhaftig genau, daß wir in Amerika uns befinden," sagte das junge Mädchen, sich plötzlich nach der alten Dame umwendend. Der liebreizende Mund lächelte, aber in den Augen lag ein kaum verhaltener tiefer Schmerz, so daß Fräulein Werner sie sanft in die Arme schloß.

„Ria, mein Liebling!" flüsterte sie kaum hörbar und auch in ihren Augen schimmerte es feucht. „Sei stark und muthig und denke vor Allem, daß es Gottes Wille ist. Wer weiß, was er in seinem unerforschlichen Rathschlusse Dir bestimmt hat. Ich blicke jetzt beruhigt und vertrauensvoll in Deine Zukunft, weil . . ."

„Weil?" fragte Maria, gespannt aufblickend.

„Weil ich Mr. Leslie kenne!" entgegnete die alte Dame mit Nachdruck. „So — und nun spreche ich kein Wort weiter über diesen Punkt. Jetzt wollen wir uns erst ein Bischen, wie man hier sagt, at home machen."

Damit zog sie das junge Mädchen in das Nebenzimmer, um sich der Reisekleider zu entledigen.

Während dem saßen in dem unteren Stockwerke, in einem der großen Parlours, zwei Damen in ziemlich eifriger Unterhaltung am Fenster. Die Aussicht ging nach dem Garten, welcher freilich jetzt, mit den kahlen Platanen und Kastanien, ziemlich öde aussah. Die hohen, außerordentlich reich ausgestatteten, wohldurchwärmten Räume dagegen erschienen um so behaglicher. Wohin das Auge fiel, schimmerte lichtblauer Atlas. In dieser Farbe waren Sophas und Sessel überzogen, so war der weiche handdicke smyrnaer Teppich, der den Boden deckte, so die Tapete, wie der Plafond. Und durch all dieses prächtige Blau hindurch schlängelten sich rosa Rosen mit langen Ranken.

Andrew Leslie's Wittwe hatte bald nach ihrer Verheirathung die Räume in solcher Weise herrichten lassen. Die altmodischen, von Harry's Mutter be= nutzten Möbel wurden hinab nach dessen Zimmer verbannt. Ja wahrlich, diese Frau besaß Geschmack. Reicher und verschwenderischer konnte Dornröschens Zauberschloß wohl auch nicht mit Rosen überwuchert sein und unwillkürlich suchte das Auge nach der holden Sagenprinzessin selbst.

Dort aber saß im hohen Lehnstuhle nur eine volle üppige Frauengestalt von vielleicht fünfzig und einigen Jahren in tiefschwarzem Trauerkleide, dessen lange Schleppe seitwärts am Boden lag und wunder= bar gegen die lichte heitere Umgebung abstach. Schön konnte man diese Frau, mit der fast noch jugendlichen Haltung des Kopfes, nicht nennen; sie mochte es wohl nie gewesen sein, trotz des regel= mäßigen Schnittes ihrer Züge. Die Augen, wie der Teint waren fahl und matt, und das sandblonde volle Haar, welches zu einem blühenden Mädchen= gesichte hübsch gepaßt hätte, gab diesem Antlitze ein noch verblichneres Aussehen. Sogar Brauen und Wimpern leuchteten im hellsten Blond. Jeder mochte diese Frau wohl eher zu den trägen energielosen

Charakteren zählen, die andere Menschen gern für
sich handeln und denken lassen; wer jedoch einmal
einen vollen Blick ihrer meist schläfrigen Augen er=
haschte, der erkannte alsbald, welch unbeugsamer
Wille, welch zähe, vor keinem Hindernisse zurück=
schreckende Kraft in dieser Seele wohnte.

Bis zu der Verheirathung mit Mr. Leslie war
ihr Lebensweg ziemlich dornenvoll gewesen. Ihr
erster Gatte — Mr. Dalton — verschwendete gleich
im Anfange ihrer Ehe sein großes väterliches Ver=
mögen bis auf den letzten Cent und ließ die Frau,
nachdem er, wie böse Zungen munkelten, durch Gift
dem Leben ein Ende gemacht, hülflos mit der kleinen
Tochter in New=York zurück.

Da war es nun Andrew Leslie, welcher groß=
müthig der Wittwe sich angenommen hatte; und sie
lohnte die Großmuth ihm dadurch, daß sie sich ent=
schloß, des reichen Handelsherrn Gattin zu werden,
die Gebieterin seines glänzenden Haushaltes. Diesen
Platz sich zu erringen, war ihr nicht schwer geworden;
ihn zu behaupten, war eine viel schwierigere Auf=
gabe. Wenn aber ihre Pläne und Wünsche sich
realisirten, so sollte dies auch für immer sein.

Vor Mrs. Leslie, in einem Schaukelstuhle mehr
liegend als sitzend, die zierlichen Füße weit vorgestreckt,
ruhte eine reizende Frauengestalt. Unverkennbar

trug sie dieselben Züge, wie die ältere Dame. Es war derselbe weiße Teint, dasselbe Haar, nur lag es, gleich goldigem Sonnenlichte, über deren ganze Erscheinung ausgebreitet. Golden ringelten sich die Locken bis zur Taille hinab und das köstlich warme Blut der Jugend schimmerte rosig bis in die zarten Fingerspitzen.

Dieses blendend schöne Weib war Alice Hennington, die Tochter der Mrs. Leslie, Harry's Stiefschwester. Mit zwanzig Jahren Wittwe, wohnte sie ganz bei der Mutter, amüsirte sich im Strudel der New-Yorker Gesellschaft und schwelgte im Vollgenusse ihres jungen Lebens. Ihre Ehe hatte nur einige Monate gedauert, da ein unglücklicher Sturz mit dem Pferde ihr den Gatten raubte. Sehr schnell und unüberlegt, wie so häufig in Amerika, war auch die Heirath mit Charles Hennington geschlossen worden, ohne gegenseitige tiefe Neigung. Deshalb ließ auch der Verlust keine Lücke in ihrem Leben zurück.

Mrs. Leslie's schöne, mit Diamantringen reich geschmückte Hand ruhte auf der Bibel, welche vor ihr auf dem Arbeitstische lag. Heute Morgen aber hatte sie darin noch nicht gelesen, da ihre Gedanken sich mit ganz anderen Dingen beschäftigten. Seit Jahren mochte es wohl auch das erste Mal sein, daß ihre Ruhe etwas aus dem Gleichgewichte gekommen war. Demungeachtet schien die stolze Frau ängstlich bemüht, vor der Tochter ihre Gefühle und Besorgnisse zu verbergen.

„Ich begreife Harry wahrhaftig nicht," sagte Alice, nachdem Beide eine Weile geschwiegen, und indem sie die Mutter prüfend anblickte, „daß er Dir erst gestern die Mittheilung machte, seine Mündel mit deren Erzieherin werde heute hier eintreffen. Dir das so ganz sans façon zu sagen, uns die Zumuthung zu stellen, plötzlich zwei wildfremde Damen ins Haus zu nehmen, finde ich doch etwas stark. Und Du duldest das, Mutter?!"

Die ältere Dame zuckte leicht mit der Schulter, indem sie so unbefangen als möglich entgegnete:

„Du mußt ja doch wissen, Kind, wie eigen=mächtig Harry oft handelt, wie verschlossen er ist und in welch undurchdringliches Schweigen er sich be=sonders hüllt, wenn von seinem Aufenthalte in Europa die Rede ist. Daß er dort überhaupt eine Mündel zurückgelassen, erfuhr ich durch Zufall erst vor wenigen Monaten. Du weißt übrigens auch, ich frage nie nach Dingen, die mich nichts angehen, und gerade diese große Diskretion meinerseits sichert mir dagegen in allen übrigen Angelegenheiten sein großes Ver=trauen."

„Aber sage mir nur in aller Welt, was will
diese Maria Arnold hier, Ma? Welche Stellung
soll sie überhaupt einnehmen?" fragte Alice un=
geduldig, während sie sich aufrichtete und den silber=
nen Pfeil, der die langen Locken zusammenhielt,
fester steckte.

„Nun, sie wird doch wohl bis zu ihrer Voll=
jährigkeit als Gast hier bleiben. Von ihrer Ver=
gangenheit weiß ich eben nicht viel. Der Vater
war, glaube ich, ein Maler, ein Freund Harry's."

„Ah, wohl der Lebensretter aus Rom, von dem
er einmal erzählte? Und aus Dankbarkeit nimmt
er die Tochter jetzt an Kindesstatt an?" fragte die
junge Frau boshaft. „Mutter! Du weißt entschieden
mehr über diese Leute; nur willst Du es mir nicht
sagen!" fügte sie, erregt in deren ruhiges Gesicht
schauend hinzu.

„Unsinn, Alice! Ich weiß durchaus nichts
Näheres. Warum jedoch interessirt Dich die Sache
so sehr? Mich läßt dieser aufgedrungene Besuch
ziemlich kalt."

„Well, ist sie reich? — jung? Natürlich muß
sie jung sein. Aber vor Allem — ist sie hübsch?"

„Hübsch? Nein, Alice, das glaube ich nicht!
Die deutschen Mädchen sind nie, was man bei uns
unter hübsch versteht. Niemals besitzen sie den Chic

und dies Wesen, das unsere Männer gern haben. Diese Miß Arnold denke ich mir so in dem Genre der deutschen Gouvernante bei Adams. Du darfst in ihr keine Nebenbuhlerin vermuthen, darling!"

Alice erröthete heftig und sprang auf. Es schien, als sei ihr mit einem Male unbehaglich heiß geworden. Nach dem vorderen Parlour schreitend, spielte sie eine Weile mit dem weißen Kakabu. Das lange halbanliegende Morgenkleid von lachsfarbigem Kachemir ließ die wunderschönen Formen ihres Körpers mehr ahnen, als erkennen. Fast mechanisch, wie aus Gewohnheit, steckte sie den Zeigefinger durch die vergoldeten Stäbe des Bauers und ließ den gutmüthigen Vogel daran beißen. Mrs. Leslie's halbverschleierte Augen verfolgten die reizende Gestalt und die Worte: „Wie könnte er sie nicht lieben!" kamen flüsternd von den schmalen Lippen, wo ein beruhigter Zug über das kalte Gesicht sich verbreitete.

In dem anmuthigen Köpfchen der jungen Frau jagten sich indessen wilde, beängstigende Gedanken. Wenn die Fremde nun doch schön wäre? Nicht das einfache stille, deutsche Mädchen, wie die Mutter sie sich dachte? War es eine Vorahnung der Gefahr, welche Alicens Herz plötzlich leise erzittern ließ?

3*

In diesem Momente wußte sie es genau, daß Harry Leslie ihr theuer sei, daß sie ihn liebe, nicht wie einen Bruder, sondern mit allem Feuer, aller Leiden=schaft ihrer Jugend. Sie wußte aber auch, daß sie um diese Liebe jetzt kämpfen könne und wolle — gegen jeden nahenden Feind! Und die Mutter war eine treue Verbündete, davon war sie sicher.

Drittes Kapitel.

Eben   lte Mr. Leslie's Wagen vor das
Gitterthor des Gartens und wenige Minute später
hörten die Damen seine klare Stimme auf der
Treppe. Er ging   seine Mündel zu begrüßen.

Maria Arnold stand inmitten des Zimmers,
den Kopf stolz emporgehoben, die rechte Hand, wie
um   festeren Halt zu haben, auf einen Tisch
gestützt. Die erste Begegnung mit dem Vormunde
raubte ihr doch etwas von ihrer Ruhe und Sicherheit.

Der alte Neger Ben hatte seinen Herrn an-
gemeldet. Nun öffnete er die Thüre und Harry
Leslie schritt über die Schwelle. Vormund und
Mündel traten einander gegenüber.

Aber war denn das Marie Arno   das schlanke
Kind von damals? Als ob die herrl.   en-
gestalt nun wirklich aus dem Bilde über Richard
Arnolds Schreibtische getreten wäre, so stand dieses

schöne Mädchen mit dem wirklich klassischen Kopfe und der unnachahmbaren Haltung vor ihm. Das waren dieselben großen braunen Augen, derselbe süße Mund! Doch er lächelte nicht und auch die dunklen Sterne blickten ernst, fast finster, nach dem stattlichen Manne hinüber. Mr. Leslie hatte sich nicht sehr verändert. Noch sicherer, vielleicht nur etwas mehr selbstbewußt, mochte seine Haltung geworden sein, die Figur kräftiger entwickelt. Sonst war er eben noch derselbe schöne elegante Mann, wie vor sechs Jahren, mit den ruhigen klaren Augen und der tabellosen Toilette. Einige Sekunden blieb er vor ihr stehen und schaute überrascht auf die hohe Mädchengestalt, welche ihm auch nicht einen Schritt entgegenkam und in einer beinahe feindlichen Stellung die erste Begrüßung von ihm zu erwarten schien. Dann trat er näher und sagte auf Deutsch, während er eine Bewegung machte, ihr die Hand reichen zu wollen, ohne daß sie es zu bemerken schien.

„Ich heiße Sie in meiner Heimat willkommen, Maria! Gewiß ist es Ihnen schwer geworden, Thüringen, wie das Grab Ihres Vaters zu verlassen. Ich fühle das mit Ihnen. Da er sein Kind nun aber einmal meiner Führung anvertraut hat, so müssen Sie denken und sich darein finden, daß

Alles, was ich über Sie beſtimmt und beſchloſſen habe, auch ihm, den wir Beide ſo ſehr geliebt, nach Wunſch und Willen ſein würde!"

Beſtimmt und beſchloſſen! Das waren frei= lich für eine junge, ſich gern auflehnende Mädchen= ſeele herbe Worte, und mit zuckenden Lippen erwi= derte ſie raſch:

„Bitte, erinnern Sie mich nicht an die Liebe meines Vaters, an ſeine unendliche, grenzenloſe Güte und Nachſicht, ſonſt weiß ich wahrhaftig nicht, wie ich mich jetzt in meine Stellung hier in Ihrem Hauſe hineinfinden ſoll! Ja, es iſt ſchwer, die Heimat auf unbeſtimmte Zeit zu verlaſſen," fuhr ſie mit einem trotzigen Aufblicken der dunklen Augen fort: „Halten Sie mich nicht für undankbar, Mr. Leslie! Aber ich muß Ihnen gleich jetzt in der erſten Stunde ſagen, daß ich ungern in dieſes Land gekommen bin — ja ſehr ungern — und daß ich, ſobald ich volljährig geworden, ohne Säumen in mein Vaterland zurückkehren werde. So lange haben Sie noch über mich zu beſtimmen und zu be= ſchließen. Länger nicht!"

Das ruhige Geſicht des Amerikaners war um einige Schattirungen bleicher geworden. Offenbar ſchien er an ſolche freimüthige deutliche Worte, wie dieſer roſige Mädchenmund ſie eben geſprochen, nicht

gewöhnt. Die finstere Falte zwischen seinen Brauen
verschwand jedoch bald wieder, indem er in dem=
selben Tone wie bisher sagte:

„Warum wollen wir über diesen Punkt uns
jetzt schon aufregen, Maria? Ich hoffe, Sie sind
kein Kind mehr und werden sich auch in die Stel=
lung in meinem Hause," er lächelte bei diesen
Worten, „hineinzufinden wissen!"

Hier trat Fräulein Werner aus dem Neben=
zimmer herein, wo sie jedoch das Gespräch mit an=
gehört. Die erste Begegnung zwischen Vormund
und Mündel hatte sie nicht stören wollen; jetzt aber
hielt sie es, um einer heftigen Entgegnung des
jungen Mädchens vorzubeugen für gerathen, das
erregter werdende Zwiegespräch zu unterbrechen.

Mr. Leslie freute es sichtlich, die treue Leiterin
des Arnold'schen Haushaltes wiederzusehen. Die
kleine zierliche Gestalt vor ihm schien unverändert.
Den blonden Scheitel von einem schwarzen Spitzen=
tuche überdeckt, die klugen Augen sanft und freund=
lich zu ihm aufschlagend, genau so hatte Clara
Werner vor sechs Jahren ihm gegenüber gestanden.
Die, wie er meinte, längst vergangene Jugendzeit,
das Bild Richard Arnolds, Alles trat ihm wieder
vor die Seele. Deshalb klang auch nun seine
Stimme um vieles weicher, wie bisher, so daß

Maria überrascht zu ihm hinüber blickte, als er sagte:

„An Ihnen scheinen die Jahre wirklich spurlos vorübergegangen zu sein, Fräulein Werner! Man lebt eben langsamer und bedächtiger in Ihrer Heimat, der ich stets ein warmes Andenken bewahre. Ich freue mich, auch Sie in meinem Vaterlande begrüßen zu können und hoffe, daß Sie hier nicht gar zu sehr das schöne Thüringen vermissen werden!"

„Sie sind sehr freundlich, Mr. Leslie!" erwiderte diese verbindlich. „Ich werde jedoch nicht lange Ihre Gastfreundschaft in Anspruch nehmen. Nur wollte ich selbst meine Pflegebefohlene Ihnen überbringen. Denn ich muß dann wieder heim zu meinem alten Bruder, dem Pfarrer in F..., der die letzten Jahre recht kränkelt und meiner dringend bedarf. Freilich wird Ria mir gewaltig fehlen," setzte sie leiser hinzu. Das junge Mädchen war inzwischen an eines der Fenster getreten und nahm an der Unterhaltung keinen Theil. „Aber ich weiß sie ja in guten Händen. Nur haben Sie Geduld mit ihr! Sie hat das heiße Blut ihrer Mutter, und der Vater war stets zu nachsichtig. Vor Allen glauben Sie jedoch nicht, daß sie so unlenksam und eigenwillig ist, wie Sie Ria nach jenen Worten, die ich vorhin vernahm, beurtheilen mögen. Ihr

Herz ist ein Juwel; ich kenne es. Allein, wollen Sie nicht Platz nehmen, Mr. Leslie?" fragte die alte Dame, nach einem Sessel deutend.

„O ich danke vielmals!" war die rasche Entgegnung. „Ich möchte Sie nicht länger stören. Nur muß ich mich noch entschuldigen, daß ich zu spät an den Steamer kam, und die Damen genöthigt waren, einen Miethwagen zu benützen. Die Depesche von Sandy Hook, welche mir Ihre glückliche Ankunft melden und schon gestern Abend zukommen sollte, gelangte erst heute Morgen gegen neun Uhr in meine Hände. Wenn Sie etwas ausgeruht und den lunch zu sich genommen haben, werde ich mich freuen, Sie später mit meiner Stiefmutter und Schwester bekannt zu machen, die ganz bei mir leben. Beide sprechen jedoch nur Englisch."

„Diese Sprache ist uns auch geläufig," erwiderte Fräulein Werner mit einem Blicke nach dem Fenster hin. „Ria besonders zeigte stets sehr große Vorliebe dafür."

„Wirklich? Das freut mich!" sagte Harry Leslie, prüfend in das noch immer ernste Gesicht des nun näher getretenen jungen Mädchens sehend. „Dann werden Sie hoffentlich auch mein Vaterland bald gern mögen?"

Schon schwebte das scharfe Wort: „Niemals!"

auf ihren Lippen. Als aber ihr Blick sein klares, ernstes Auge traf und das zornige Aufleuchten in dem ihrigen blos ein überlegenes leises Lächeln bei ihm hervorrief, erröthete sie und schwieg.

„Ich erwarte Sie also im Parlour. Das Diner ist regelmäßig um sechs Uhr."

Darauf verbeugte er sich artig vor beiden Damen und verließ das Zimmer.

„Nun, Ria, willst Du nicht eine Weile ruhen?" fragte Fräulein Werner, die Hand leicht auf des jungen Mädchens Schulter legend. Noch immer aber blickte diese starr nach der Thüre, welche sich hinter ihrem Vormunde eben geschlossen hatte. „Du siehst müde aus, Kind, etwas Ruhe wird Dir gut thun. Wir haben noch reichlich Zeit."

„Nein, ich kann nicht schlafen, Tante!" entgegnete Maria, den Kopf emporwerfend. „Lasse mich Dir bei dem Auspacken der Koffer behülflich sein, damit ich ein Bischen auf andere Gedanken komme. In meinem Kopfe dreht es sich wie ein Mühlrad." Dabei lachte sie gezwungen auf und ein herber Zug umspielte den schönen Mund. „Nein, ich bin kein Kind mehr, mein Herr Vormund! Gewiß nicht! Das werden Sie bald genug erkennen!"

Langsam war Harry Leslie die Treppe hinab-

geschritten. Sein Arbeitszimmer lag zu ebener Erde,
dem Speisesaale gerade gegenüber. und war ein
schöner behaglicher Raum. Alte dunkle Schränke
mit gewundenen Säulen und prachtvoll geschnitzten
Thüren, die wohl einst die Reise über das Welt=
meer gemacht hatten, standen an den von kostbarer
Tapete bekleideten Wänden, und in den steifen hoch=
lehnigen Sesseln mochten gewiß schon die vornehmen
Gäste der Theeabende seiner Mutter Platz genommen
haben. Hier hing auch neben einer Menge dem
Hausherrn werthen Familienbildern: „George
Washington" in dunkelbraunem Rocke mit weißem
Jabot und neben ihm seine „Martha" in der be=
kannten großen Spitzenhaube. Es war Alles recht
altväterisch gediegen in diesem Zimmer. Sogar das
Muster der Möbelüberzüge, wie die schweren seidenen
Fenstervorhänge entstammten einer längst vergan=
genen Zeit.

Der Amerikaner warf sich in einen der großen
Lehnstühle, legte seine Füße auf den nächsten Stuhl
und zündete sich eine Cigarre an.

Von einem halb erwartungsvollen, halb unbe=
haglichen Gefühle erfüllt, war er am Morgen nach
Hoboken gefahren, die nun erwachsene Tochter
Richard Arnolds — seine Mündel — zu begrüßen.
Noch niemals im Leben hatte Harry Leslie wahr=

haft geliebt. Bisher waren die Frauen ihm nur
als ein ziemlich kostspieliger Zeitvertreib erschienen.
Allein, daß ein Weib einen festen, bestimmten Willen
haben und auch durchsetzen wolle, das hielt er für
ganz unmöglich. Seine routinirte Stiefmutter wußte
genau, wie hoch sie, ihm gegenüber, die Saiten
spannen konnte; er wußte das auch. Und Alice?
Bei diesem Gedanken überkam ihn ein Lächeln.
Dieser galt sein leisester Wunsch als Befehl. Las
sie ihm nicht Alles von den Augen ab? Jetzt aber
war ihm diese ernste hohe Mädchengestalt gegenübergetreten — mit den beinahe feindseligen Blicken und
jenen eigenwilligen Reden. Merkwürdig! Es schien
ihm plötzlich, als könne jede kleine Veranlassung, sich
mit ihr in ein Wortgefecht einzulassen, besonders
anregend sein. Welcher Reiz lag in dem Bewußtsein, sie das Recht und die Macht, die er über sie
besaß, fühlen zu lassen, welcher Reiz bei der bloßen
Idee, ihr einst zu sagen: „Du wirst auch später
nicht frei sein, Du bist schon längst mein, Maria!“

Fort warf er hastig die Havanna. Wohin
doch verirrten sich heute schon seine Gedanken! Wie
ärgerlich mit sich selbst, sprang er auf und zog die
Klingel, dem sogleich eintretenden Neger befehlend,
ihn für das Diner anzukleiden.

„Es ist möglich, daß Mr. Remsey noch einmal

nach mir fragt, Ben," sagte er zu dem alten Diener, „da ich heute gar nicht in dem Bureau gewesen bin. Dann melde es sofort! Ich werde oben bei Mrs. Leslie sein."

Eine halbe Stunde später trat er bei seiner Stiefmutter ein. Alice kam ihm mit ausgestreckten Händen entgegen und rief heiter:

„Nun, ist die rührende Scene des Wieder= sehens vorüber, Harry? Ich kann mir Deine väterliche Protektor=Miene lebhaft vorstellen. Um Gottes Willen, stecke sie hier bei uns nicht auf!" fügte sie, in sein noch ziemlich ernstes Gesicht scharf hineinschauend hinzu.

Sie war schon in voller Abendtoilette. Das fliederfarbige Seidenkleid paßte wunderbar gut zu ihrem wahrhaft blendenden Teint und dem herr= lichen Haare, welches nun zur künstlichen Frisur umgestaltet war. Den Arm in den des Stief= bruders legend, zog sie diesen nach dem Sitze ihrer Mutter hin.

„Siehe, Harry!" fuhr die junge Frau fort, ihm einen offenen Brief entgegenhaltend. „Wir haben eben die Einladung zu einem Feste für übermorgen erhalten. Lucy Adam feiert ihre Verlobung. Ich möchte so gern, daß Du mich dahin begleitest. Willst Du?"

Dabei richtete sie ihre großen blauen Augen so bittend und sehnsüchtig zu ihm auf, als hinge ihr Lebensglück von seiner Antwort ab, daß Mr. Leslie unwillkürlich lächeln mußte.

„Gewiß gehe ich mit Dir hin, Alice, wenn es Dir solches Vergnügen macht! Aber hättest Du nicht auch Lust uns zu begleiten?" fragte er die alte Dame, sich an deren Seite niederlassend.

„Ich danke Dir herzlich, Harry! Ihr wißt ja aber, daß ich seit dem Tode des Vaters keine großen Feste mehr besuche," entgegnete Mrs. Leslie mit sanftem Lächeln.

„Du solltest Dich von der Welt nicht ganz zurückziehen, schon Alice's wegen!" meinte ihr Stief=sohn leichthin.

„O, Alice ist unter Deinem Schutze wohlge=borgen. Wem lieber möchte ich mein Kind anver=trauen, als Dir!" erwiderte sie, ihm lange und bedeutsam in die Augen sehend.

Mr. Leslie's ruhiges Gesicht verzog keine Miene, und es schien fast, als hätte er die letzten Worte kaum verstanden. Die alte Dame fuhr indeß, während sie ihre weiße volle Hand zärtlich auf die seine legte, unbeirrt fort:

„Mein guter Sohn! — denn das bist Du in den letzten Jahren mir wahrhaft gewesen — Du

haſt mich die Güte Deines Vaters niemals vermiſſen
laſſen. Aber Du haſt mir auch oft, ſehr oft be=
wieſen, daß wir Dir keine Laſt ſind, daß Du uns
in Dein Herz geſchloſſen. Nicht wahr, ich täuſche
mich nicht?"

„Wie kommſt Du mit einem Male auf ſolche
Ideen und Gedanken, Mutter?" fragte er etwas
ungeduldig, indem er dabei ſcharf in das reizende
Geſicht Alicens blickte, die hinter dem Seſſel von
Mrs. Leslie lehnte und heftig erröthete. „Du
weißt ja, des Vaters Wille iſt mir heilig. Und
ſo lange Ihr Euch in meinem Hauſe wohl fühlt,
wird es Dir und der Schweſter" — es ſchien, als
legte er eine kleine Betonung auf dieſes eine Wort
— „eine Heimat ſein."

Seine grauen Augen ruhten freundlich, jedoch
mit dem ihm eigenen dominirenden Blicke auf dem
ſanften, gezwungen lächelnden Antlitze der Stief=
mutter. Allein mit einem Male ſchwand das
Lächeln, einem erſchrockenen Ausdrucke weichend.
Auch Alicens roſige Wangen waren plötzlich bleich
geworden.

Harry Leslie ſaß mit dem Rücken nach der
Thüre und konnte nicht gleich wahrnehmen, daß
dort eben Maria Arnold und Fräulein Werner
eingetreten waren. Die faſt verſtörten Mienen der
beiden Damen ließen ihn ſchnell ſich umwenden.

Hochaufgerichtet, mit stolzer, doch graziöser Haltung schritt erstere durch das große Zimmer. Wenn der schwere massive Kronleuchter im Momente herabgefallen wäre, erschrockener hätten Mrs. Leslie und Alice kaum aussehen können, als der Hausherr sich erhob und dieses wunderschöne Mädchen in der tabellos modernen Toilette als seine Mündel vor=stellte. Die Dame des Hauses schien auch die ge=bräuchliche Sitte, dem Fremden zum Willkommen die Hand zu reichen, völlig vergessen zu haben. Wie geistesabwesend starrte sie nur in das rosige Mädchenantlitz. Darin fand sich keine Spur von der unscheinbaren Deutschen, in welcher Alice eine Nebenbuhlerin angeblich nicht zu befürchten brauchte. Dieser edle Kopf mit den leichtgelockten dunkel=braunen Haaren und den herrlichen Augen konnte selbst den allerverwöhntesten Männergeschmack nicht nur befriedigen, sondern in Entzücken versetzen. Aber Maria ahnte nicht, als sie zum ersten Male in Mrs. Leslie's matte schläfrige Augen blickte, daß sie ihrer fortan erbittertsten Feindin gegenüber stand.

„Ich bewundere Ihren Muth, mein Fräulein!" sagte sie endlich, nachdem sie sich einigermaßen ge=faßt hatte, zu Maria, „daß Sie sich entschließen konnten, Ihre deutsche Heimat aufzugeben, daß Sie unter uns Amerikanern nun leben wollen. Unsere Sitten und Gewohnheiten sind doch sehr verschieden von den Ihren. Aber freilich," setzte sie bedauernd hinzu, „haben Sie, armes Kind, trotz Ihrer Jugend gewiß schon herbes Leid erfahren. Darum werden Sie auch dem Himmel danken, der Ihnen in Mr. Leslie eine Stütze gegeben hat, und werden es anerkennen, welche Vergünstigung dieser Ihnen einräumt, Sie hier in seinem Hause, inmitten seiner Familie leben zu lassen."

Maria Arnold, welche noch immer an ihres Vormundes Seite stand — die anderen Damen hatten bereits Platz genommen — richtete sich zu ihrer vollen Höhe auf und sagte, indem sie, wie es ihr eigen war, den Kopf etwas in den Nacken warf, im reinsten fließendsten Englisch:

„Sie scheinen, wie ich sehe, völlig im Irrthume, Mrs. Leslie! Die Verhältnisse zwingen mich nicht, meinen Aufenthalt in diesem Hause zu nehmen, noch auf Großmuth angewiesen zu sein. O nein, ich habe in Deutschland ein schönes kom= fortables Heim verlassen, wohin ich auch später zurückkehren werde. Warum mein Vormund mich jetzt eigentlich hier herüber berufen hat, das weiß ich selbst nicht!" setzte sie mit einem Seitenblicke nach diesem hinzu, und zum ersten Male spielte ein süßes Lächeln um ihren Mund.

„Nun, natürlich nur deshalb, um der Menschheit hier zu beweisen, daß keine andere Nation an Schönheit mit den deutschen Frauen sich messen kann," warf Alice mit ziemlich lauter Stimme dazwischen. „Wenn alle Ihre Landsmänninnen Ihnen gleichen, Miß Arnold, dann erst begreife ich, wie Ihre großen Dichter sich für sie begeistern konnten."

Die Stimme der jungen Frau klang scharf und hell, als sie das sagte, und die zarten Nasenflügel zitterten leicht. „Sie besitzen gewiß auch alle erbenklichen Talente? In Deutschland werden diese ja viel mehr gepflegt, als bei uns. Sind Sie musikalisch?"

Bei den Worten sprang sie auf und faßte Maria unter den Arm, um sie nach dem großen Steinway-Flügel, der mitten im Zimmer stand, zu führen. Alicen war es dabei nicht im Mindesten um einen Kunstgenuß zu thun. Aber weil Harry's Augen unverwandt auf der jungen Fremden ruhten, wünschte sie diese aus dem Brennpunkte derselben zu bringen. Mit einem gewissen Aplomb setzte sie sich an das Instrument und spielte ziemlich fertig einen Straußschen Walzer.

4*

„Ich bin garnicht musikalisch,“ antwortete Maria freundlich. „Jedoch liebe ich die Musik ungemein. Fräulein Werner findet es unrichtig, Jemanden, der kein Talent besitzt, mit dem Ein= studieren irgend einer Fertigkeit zu quälen. Sie hat mich, glaube ich, recht praktisch erzogen.“

„Ja, aber mein Gott!“ rief Alice, sich auf ihrem Sitze halb umwendend. „Alle Achtung vor Ihrem ausgezeichneten Fräulein Werner, sie allein kann Ihnen doch nicht diese Manieren, diese tabellos sicheren Bewegungen anerzogen haben.“

„So etwas läßt sich überhaupt nicht aner= ziehen,“ sagte plötzlich Mr. Leslie dicht neben ihr, nachdem er, ohne daß es die jungen Damen be= merkten, an den Flügel getreten. „Fräulein Arnold besitzt das blaue Blut ihrer Mutter. Diese stammte aus dem alten Fürstengeschlechte der C . . ., und ich begreife Dich eigentlich nicht, Alice, daß Du — bei Deinem regen Interesse für Bilder und Kunst= werke — in diesem Antlitze nicht schon längst den italienischen Typus, den edlen Schnitt der Antike, herausgefunden hast?“

„Also eine italienische Fürstentochter! Das wird ja immer romantischer!“ rief Alice ironisch. „Aber sage nur, Harry! Warum hast Du uns Alles das so lange vorenthalten? Gestern Abend habe ich ja zu allererst erfahren, daß ein Fräulein Arnold überhaupt existirt."

„Well, ich wollte Euch eben überraschen!" entgegnete Mr. Leslie ruhig und seine klaren Augen so kalt und gleichgültig auf Maria richtend, als ob es ihm selbst gar keine Ueberraschung gewesen sei, anstatt einem schüchternen Backfisch, diesem vollendet schönen Mädchen gegenüber zu stehen.

Alice zupfte erregt an der Federeinfassung ihres Fächers und bemerkte zögernd in einem eigenthümlich vibrirenden Tone:

„Du bemühst Dich immer, mit Deiner Gleichgültigkeit gegen alle Frauen zu prahlen, Harry! Gleichwohl bin ich der festen Meinung, daß selten ein Mann die kleinsten Details und Mängel, sei es in der Erziehung, wie in der Toilette genauer an uns mustert und beobachtet, als Du. Sie werden einen scharfen und strengen Kritiker an Ihrem Vormunde finden, Miß Arnold, und ich wünsche, daß Sie beide stets im besten Einvernehmen bleiben mögen!" setzte sie scherzend hinzu. „Fügen müssen Sie sich ihm freilich! Das ist nun einmal nicht anders bei uns Frauen, das müssen wir leider noch Alle."

Im selben Augenblicke rief Mrs. Leslie, die mit Fräulein Werner im eifrigsten Gespräch be-

griffen gewesen, in Betreff einer zu entscheidenden
Frage nach ihrer Tochter, welche mißmuthig sich
erhob und zu den älteren Damen schritt.

Bei Alicens letzten Worten hatten sich Maria's
fein gezeichneten Brauen finster zusammengezogen.
Offenbar forderten dieselben ihren Widerspruch
heraus, und als sie zu Mr. Leslie aufsah und die
überlegenen spöttischen Blicke wahrnahm, mit denen
er sie beobachtete, da ballte sie zornig die kleine
Hand zusammen und sagte schnell:

„Ich glaubte bisher, die amerikanischen Frauen
nähmen eine ganz andere Stellung ein, sie wären
überhaupt viel unabhängiger, den Männern gleich=
berechtigter, als die Deutschen?"

„O ja, es giebt solche. Das sind eben über=
spannte Weiber, die Frauenrechtlerinnen!" erwiderte
er ruhig. „Aber ein Weib von wahrhafter Herzens=
bildung, welches Geist und Verstand besitzt, wird
sich nie unter dieselben zählen wollen. So denke
ich wenigstens."

Beider Augen begegneten sich eine Sekunde.
Doch war es wieder der halb spöttische, fast über=
legene Ausdruck in den seinen, der sie veranlaßte,
die ihrigen sogleich niederzuschlagen. Ja, Mr. Leslie
war der Mann dazu, einem jungen eigenwilligen
Mädchen zu imponiren. Um keinen Preis der Welt

hätte sie es ihm jedoch merken lassen wollen, wie
sehr seine bestimmte, keinen Widerspruch kennende
Sprache ihr Blut in Wallung brachte. Sie preßte
die Lippen fest zusammen und sah kalt, fast hoch=
müthig zu ihm hinüber.

Die Unterhaltung wurde unterbrochen, indem
einer der Neger dem Hausherrn meldete, daß Doktor
Bodenhausen in dessen Zimmer sei und ihn zu
sprechen wünsche.

„Well, ich komme gleich," sagte dieser zu dem
sich entfernenden Diener. „Ich hoffe, der Doktor
bleibt zu Tische. Er ist ein Landsmann von Ihnen,
Maria, und ein alter treuer Freund meines Hauses."

Hierauf verbeugte sich Mr. Leslie leicht und
schritt hinaus. —

Allein am Klavier stehend, flüsterte Maria leise:

„Dieser Mensch hat meinen Vater gewiß
furchtbar tyrannisirt. Ich begreife nicht, wie zwei
so ganz verschiedene Menschen solch' innige Freund=
schaft schließen konnten. Welch' warmes fühlendes
Herz besaß mein Vater, wogegen Mr. Leslie
gerade in dieser Beziehung von der Natur etwas
stiefmütterlich behandelt worden zu sein scheint. Er
ist egoistisch und herzlos! — Fügen?! Das werde
ich so schnell nicht thun, mein Herr Vormund!
Glauben Sie etwa, ich sei noch die kleine Ria von

damals, welche Sie mit einem Blicke Ihrer kalten
Augen einschüchtern konnten?"

"Aber beste Miß Arnold! Was machen Sie
denn da?" rief Alice von ihrem Sitze aus. "Sie
stehen ja da drüben mit einem Gesichte, so fürchterlich ernst und zerknirscht, als ob Harry schon jetzt
Ihnen eine hundert Ellen lange Predigt gehalten
hätte. Setzen Sie sich lieber zu mir. Die Mutter
und Fräulein Werner disputiren noch immer so
eifrig über Religion, und das macht mich nervös!"

Bei den lauten Worten der jungen Frau war
Maria heiß erröthet. Wirklich, einen Moment
hatte sie ihre Umgebung vergessen. Nun trat sie
an Alicens Sessel und sagte so unbefangen, als
möglich:

"Mr. Leslie wollte mich nur überzeugen, wie
absolut willenlos das ganze Frauengeschlecht sei."

"Ja, Kind, über solche Dinge müssen Sie sich
mit Harry nicht in ein Gespräch einlassen, das war
unvorsichtig! Dabei . . ." Hier unterbrach sie
sich und deutete nach der Thüre. "Da kommt er
schon zurück, und wahrhaftig, er bringt diesen Eis-
bären mit zum Diner. Welche Freude für Mutter!"

An Mr. Leslie's Seite schritt ein mittelgroßer
ältlicher Herr mit ganz weißem Haar und Vollbart
und goldener Brille. Mrs. Leslie wie Alice be-

grüßten ihn auffallend kühl, während er den anderen Damen als Doktor Bodenhausen vorgestellt wurde.

Die große Pendule auf dem Kamin schlug sechs Uhr und man begab sich alsbald hinab nach dem Speisezimmer. —

———

Viertes Kapitel.

Als die beiden Herren, nach eingenommener Mahlzeit, in Mr. Leslie's Zimmer am helllobernden Kaminfeuer sitzend, gemüthlich ihre Cigarre rauchten, begann der Doktor, indem er langsam die blauen Wölkchen in die Luft blies:

„Wir wurden vorhin durch ihren Geschäfts= führer unterbrochen. Aber ich versichere Sie, Harry, positiv, es war Alice! Mich hat sie, glaube ich, kaum gesehen, als sie aus dem genannten Laden am Brodway trat und sehr eilig in einen Wagen stieg. Um nicht insdiskret zu sein, unterließ ich es, dort nach dem Geschäfte der Dame zu fragen, hätte da wahrscheinlich auch nur eine aus= weichende Antwort erhalten. Ueberdies wollte ich Ihnen die Sache erst mittheilen. Sie mögen jetzt beginnen, was Sie für recht und gut halten. Ich habe meine Schuldigkeit gethan. Der Ruf Ihres Hauses ist mir werth. — Ja, ja, die Weiber!

Der meiste Aerger kommt von ihnen," setzte er brummend hinzu, indem er mit Heftigkeit die Asche der Cigarre abklopfte.

Mr. Leslie hatte dem alten Herrn aufmerksam, jedoch mit ziemlicher Ruhe zugehört. Endlich entgegnete er kopfschüttelnd:

„Was in aller Welt konnte nur meine Schwester gerade dorthin führen? Glauben Sie, Alice könne sich so weit vergessen, um Jemandem — ein Rendezvous zu geben?"

„Bewahre, das habe ich nicht gemeint, Harry!" sagte der Doktor ernst. „Daß es indeß für eine junge Dame in ihren Verhältnissen unpassend ist, zu einem Diamantenmakler zu gehen, werden Sie mir doch wohl einräumen. Schauen Sie der Sache gehörig auf den Grund; nur lassen Sie mich, bitte, aus dem Spiele. Sie kratzte mir — das glaube ich — am hellen Mittage die Augen aus dem Kopfe, falls sie ahnte, daß ich ihr nachgegangen bin. Und erst Mrs. Leslie! Alle Wetter! Haben Sie vorhin die unbeschreiblichen Blicke bemerkt, mit denen sie mich beehrte? Well — ich weiß auch, warum? Mich betrachtet sie immer als ihren Prügelknaben, und Alles, was sie ärgert und nicht in ihren Kram paßt, das schiebt sie mir in die Schuhe."

„Nun, was ift denn noch weiter los?" fragte der junge Amerikaner lächelnd.

„Ihre verehrte Stiefmama bildet sich natürlich ein, „ich sei die Veranlassung, daß Sie Ihre Mündel herüberkommen ließen. Daran bin ich doch so un=schuldig, wie ein neugeborenes Kindlein," entgegnete Doktor Bodenhausen mit einer urkomischen Miene. „Mich haben Sie ja selbst damit überrascht. Und nun giebt sie mir außerdem, wenn möglich, noch die Schuld, daß Fräulein Arnold hübsch ist. Uebrigens, weiß Gott, ein Prachtmädel! Ein Paar Augen hat sie — ich bin ein alter Mann, habe eine Frau und könnte, wenn es der Himmel so gewollt, längst Großvater sein. Aber es wird mir selber ganz warm ums Herz, wenn ich da hineingucke."

Dabei blinzelte er über die Brille hinweg nach Mr. Leslie hinüber, als wollte er sich überzeugen, wie diesem das „Hineingucken" bekommen sei.

„Meine Stiefmutter hat ihre schwachen Seiten," sagte der junge Mann leichthin, ohne die letzte Be=merkung des Doktors scheinbar zu beachten. „Ich halte sie aber, seit ich sie näher kennen gelernt, für eine gute harmlose Frau."

„Harmlos!" rief der lebhafte alte Herr, beinahe erschrocken in das ruhige Gesicht seines Gegenübers schauend. „Du meine Güte! Ja wohl, Ihnen

gegenüber giebt sie sich eine solche Miene. Sie sind
der Meister. Doch was sonst um sie herum kreucht
und fleucht, das soll ihr unterthan sein. Well,
lassen wir doch das! Aber, um noch einmal auf
Alice zurückzukommen — glauben Sie etwa, sie
könne in Geldverlegenheit gewesen sein — viel=
leicht eines ihrer Schmuckstücke versetzt haben?"

„Gott bewahre, Doktor! Auch das nicht!" be=
merkte Mr. Leslie schnell. „Meine Schwester hat
ein glänzendes Nadelgeld, und wenn gleich sie sehr
verwöhnt und extravagant ist, damit kann sie
wirklich auskommen. Die Sache muß einen anderen
Haken haben. Wie wäre es, wenn ich sie direkt
darum befragte? Eine Scene giebt es dann freilich;
gleichviel, die Wahrheit erfahre ich sicher."

„Möglich!" entgegnete Doktor Bodenhausen,
sich erhebend. „Es thut mir wahrlich leid, daß ich
Ihnen diese unangenehme Geschichte mittheilen mußte.
Doch jetzt will ich nach Hause. Meine Frau hält
mir sonst eine Gardinenpredigt. Ich hoffe sehr,
Ihre Gäste besuchen uns bald. Auch Fräulein
Werner ist eine charmante, Dame. Und wie gut
Beide englisch sprechen. Schade, daß Letztere wieder
abreist, thut mir wegen Ihrer Mündel leid. Well,
gute Nacht, Harry! Sie sehen übermüdet aus,

arbeiten zu viel. Schlafen Sie tüchtig, das stärkt die Nerven!"

Und mit einem herzhaften Händedrucke verab=
schiedete sich der alte redselige Freund.

Mr. Leslie öffnete das Fenster und lehnte sich
hinaus. Der Nebel schien vorüber, man sah schon
hin und wieder einzelne Sterne durchleuchten. Doch
die Luft war kalt und rauh, wehte ihm aber wohl=
thuend um die Stirne.

„Das kühlt und erfrischt!" sagte er leise. „Der
Doktor hat Recht, ich arbeite zu viel. Wozu auch?
Allein die Sache mit Alice macht mir wirklich Sorge;
nein, ich kann nicht glauben, daß sie dort eine Zu=
sammenkunft, ein Liebesverhältniß hat!"

Und im Geiste sah er diese beiden märchenhaften
Augen, die stets so warm und voll zu ihm auf=
schauten. Welcher Mann bliebe auch gleichgültig
gegen offen zur Schau getragene Huldigungen, be=
sonders, wenn diese ein blendend schönes Weib
entgegen bringt! Sein Verhältniß zu Alice war
nicht wie Bruder und Schwester; er wußte das recht
gut; aber ein zärtlicheres bestand auch nicht. Wohl
wäre es möglich gewesen, daß er sie zu seiner Gattin,
znr Repräsentantin seines Hauses gemacht hätte,
wenn er nicht durch sein, Richard Arnold gegebenes
Versprechen gebunden gewesen. Dabei war er viel

zu ehrenhaft und sittenrein, der Stiefschwester durch
Blicke und Worte Hoffnungen zu machen, welche sich
nie erfüllen konnten und durften. Und dennoch be=
rührte ihn der Gedanke unangenehm, daß Alice zu
irgend einem unüberlegten Schritte sich hätte hin=
reißen lassen. Es ist eben ein eigenes Räthsel um
das Empfinden des Menschenherzens. Die junge
Frau, dieses reizende Geschöpf, war ihm all' die
Jahre fast gleichgültig geblieben. Sein Auge er=
freute sich ihrer sonnigen Gestalt; aber der Puls
schlug bei deren Anblicke nicht im Mindesten schneller,
noch regte sich eine Fiber in seinem Herzen. Heute
Morgen nach der ersten Begegnung mit Maria da=
gegen war sein Blut so eigenthümlich in Wallung
gerathen — trotz aller scheinbaren Ruhe. Der
Oppositionsgeist in dem Mädchen schien es zu sein,
welcher ihn reizte. Diese reinen dunklen Kinder=
augen waren es, die so ganz — ganz anders blickten,
als alle jene Augen, in die er bisher geschaut.

Das Fenster wieder schließend, ging er sodann
langsam und gedankenvoll im Zimmer auf und ab.
Wie Maria die Bestimmungen ihres Vaters wohl
aufnehmen würde, dieser Gedanke beschäftigte ihn
vor Allem.

„Nur keine sentimentalen Rührscenen, die ich
so hasse!“ flüsterte er alsbald lächelnd. „Das Beste

wird es sein, wir schließen eine Bundesgenossenschaft. Für eine romantische Liebesaffaire scheint mir auch Ria zu vernünftig. ‚Ria!' wie süß der Name klingt!" Einen Seufzer unterdrückend, strich er mit der kräftigen Hand über die Stirn, als ob er dadurch alle weichen Regungen verscheuchen wollte. Ihm selbst schienen Zweifel aufzusteigen, ob denn diese beiden dunklen Augen ihm gar nicht gefährlich werden könnten.

Harry Leslie trat hinaus in den Vorsaal. Dort saß der alte Neger, der die Abendzeitung las, jedoch bei des Herrn Anblicke sofort aufsprang.

„Sind die Damen noch im Empfangszimmer, Ben?" fragte er, noch ein wenig zerstreut den Farbigen, welcher in der dieser Rasse eigenthümlichen devoten Stellung und in Erwartung der Befehle vor ihm stand.

„No, Sir! Schon seit einer halben Stunde haben sich Alle nach ihren Zimmern begeben."

„Well, ich fahre bald in den Klub. Bestelle den Wagen! Gegen zwölf Uhr komme ich zurück."

Einige Stunden später waren sämmtliche Etagen des Leslie'schen Hauses dunkel. Nur aus den dicht verhangenen Fenstern von Alicens Zimmern drang ein matter Lichtschein. Ein einziger Blick in diese Räume verrieth sowohl den Charakter wie die Ge=

wohnheiten der jugendlichen Bewohnerin. Ausge=
stattet mit dem größten, beinahe raffinirten Luxus,
den nur die reichsten, verwöhntesten Amerikanerinnen
sich erlauben können, zeigten die Zimmer zugleich
deutlich das sorglose, leichtlebige Gemüth der schönen
Frau. Hier lag ein prachtvoller indischer Cachemir=
Shawl am Boden, und Pearl, der weiße Seiden=
spitz, schlief darauf den Schlaf des Gerechten, während
die Reste seines lukullischen Abendfutters in einem
reizenden Fruchtkorbe aus Meißener Porcellan ver=
trockneten. Ebenso prangte der prächtige Strauß
von duftigen Treibhaus=Maiglöckchen und Rosen
nicht etwa in einer ihrer würdigen Blumenvase, von
denen ein halbes Dutzend leer umherstand, — nein,
derselbe steckte in einem ganz gewöhnlichen weißen
Steingut=Kruge mitten auf dem eleganten Rosen=
holztischchen.

Alice selbst saß in einem weißen Peignoir, das
goldige Haar gelöst, auf dem Rande ihres Bettes
mit Bleistift und Papier in der Hand und schien
zu rechnen. In ihrem Schooße ruhten verschiedene
Schmuck=Etuis. Das Exempel mußte aber nicht recht
stimmen, oder fiel das Resultat unbefriedigend aus
— kurz, sie warf Alles mißmuthig bei Seite, stand
auf und legte den Schmuck in eine große Schatulle.
Nur ein Etui behielt sie zurück, daraus ein pracht=

volles Diamant=Collier entnehmend, welches sie eine Weile prüfend in der Hand behielt.

„Diese Steine allein sind ein kleines Kapital werth," flüsterte sie kaum hörbar. „Und doch will mir der Jude nicht mehr als vierhundert Dollars darauf leihen. Welch' ein Lumpengeld habe ich schon für meine Solitairs bekommen! Schändlich! Aber was nützt alles Klagen!" fügte sie mit einem Seufzer hinzu. „Tausendmal lieber will ich den Schmuck einige Zeit entbehren, als Mrs. Davis diese paar Hundert Dollars schulden. Wie würde dieses gräßliche Weib mit ihren Katzenaugen gefroh= lockt haben, wenn Alice Hennington, die Schwester des reichen Harry Leslie, ihre Schuld nicht am anderen Tage sofort bezahlt hätte!"

Sie schüttelte sich fröstelnd, obwohl das Zimmer angenehm durchwärmt war, und schluchzte, indem sie das rosige Antlitz mit beiden Händen verhüllte, laut und herzerschütternd auf, gleich einem Kinde, das um eine zerbrochene Puppe weint:

„O Harry! Warum liebst Du mich nicht?! Was habe ich denn von all' diesem Glanze? Mein Leben ist elend und verfehlt; — ich will nicht Deine Schwester sein! Ach, nur einmal sieh mich an mit Blicken, die aus dem Herzen kommen und nicht immer aus Deinem fürchterlich kalten Verstande!

Gegen solch' eine Wonne könnte ich die Seligkeit
des Himmels mir reizlos denken! Ich muß ja
aber mein Herz durch Aufregungen zu betäuben
versuchen, sonst werde ich wahnsinnig!" fügte sie
nach einigen Minuten beruhigter hinzu. „Wenn
meine Mutter und Harry es ahnten! Es wäre ja
ein Leichtes, Beide um Geld zu bitten — nein, nein,
lieber das letzte Schmuckstück versetzen! Kommt Zeit,
kommt Rath!"

Mit diesem tröstlichen Entschlusse erhob sie sich
wieder und begann sich zu entkleiden. Und als
nach einiger Zeit das reizende Gesicht in den weißen
Kissen lag, flüsterten die Lippen halb im Traume:

„Du bist wunderschön, Maria Arnold! Das
ist wahr. Aber eben darum hasse ich Dich — und
wehe Dir, wenn Harry Dich lieben sollte!"

Fünftes Kapitel.

Hell und glänzend blitzten am andern Morgen die Sonnenstrahlen in das Zimmer Maria's, welche in geschmackvoller Promenaden=Toilette am Fenster stand und sich amüsirte über den eigenartigen, dem Eichhörnchengeschrei ähnelnden Rufe der Milch= verkäufer, womit diese gleichsam ihren Morgengruß bringen.

Die Laune des jungen Mädchens schien heute um Vieles besser zu sein; denn die großen Augen strahlten hell und fröhlich, als sie zu dem soeben aus dem Schlafzimmer eintretenden Fräulein Werner sagte:

„Mich dünkt, daß wir für hiesige Verhältnisse zu früh aufgestanden sind, Tante! Es wird wohl erst gegen neun Uhr gefrühstückt. Wollen wir daher schnell einen Gang durch den Garten machen? Wenn es auch keine Thüringer Waldluft ist, die wir hier athmen, so muß ich wohl eingestehen, daß

Du gestern Recht hattest. Siehe nur, wie schön und stattlich Alles hier herum ausschaut! Diese vornehme Ruhe in der 5. Avenue läßt vergessen, daß man in New-York sich befindet, daß der Broadway, die Pulsader der Welt, nur einige Schritte weit entfernt ist."

Die ältere Dame lächelte fein und erwiderte zustimmend:

„Gewiß bin ich zu einer Promenade bereit, mein Liebling! Ja, es scheint hier wirklich außerordentlich schön zu sein. Willst Du Dir unterdessen den Hut aufsetzen; ich bin bald fertig!"

Sie stiegen die breite Treppe hinab. Ben, der wie gewöhnlich in der Halle saß, war augenscheinlich überrascht, die Damen schon zum Ausgehen gerüstet zu sehen. Daher erlaubte er sich die Frage, ob er ihnen nicht vorher das Frühstück serviren solle? Sichtlich gab der alte Neger sich Mühe, die wenigen Worte auf Deutsch zu sagen. Es gelang ihm jedoch sehr schlecht, so daß Maria freundlich und in englischer Sprache schnell entgegnete:

„Danke, Ben! Wir gehen nur in den Garten und gedulden uns bis zum allgemeinen Frühstück."

Als sie hinausgetreten in die morgenfrische Frühlingsluft, sagte Clara Werner nach einer Weile:

„Ich hoffe Du findest angenehme Gesellschaft

in Alice Hennington. Die junge Frau scheint un=
endlich heiter und liebenswürdig zu sein. Nur das
Eine gefällt mir nicht an ihr, sie zollt Mr. Leslie
zu offen ihre Bewunderung. Gewiß und zuver=
lässig liebt sie ihn!"

„Wirklich, glaubst Du das, Tante?" fragte
Maria, etwas erregt und gespannt in das Gesicht
der alten Dame blickend. „Sie sind ja aber Ge=
schwister!"

„Solches Bruder= und Schwester=Spielen ist
meistens sehr gefährlich!" erwiderte diese und legte
ihren Arm in den des jungen Mädchens. „Mr. Leslie
sollte sie entweder bald selbst heirathen, oder einen
seiner Freunde mit dieser reizenden Hand beglücken.
Daß Mrs. Leslie die Partie mit ihrem Stiefsohne
wünscht, ist nicht schwer zu erkennen."

Ueber Maria's heitere Züge flog es wie eine
Wolke und beunruhigende Gedanken schossen ihr
durch das zierliche Köpfchen. Wenn ihr Vormund
Alice wirklich zur Gattin nahm, mußte sie da nicht
auch noch unter deren Botmäßigkeit stehen, so lange
wenigstens, als sie noch hier blieb? Sie sagte daher
schnell:

„Ich meine, Mr. Leslie heirathet garnicht, oder
er geht später einmal eine Vernunftsehe ein. Lieber
Himmel, dessen Frau zu sein! Die thäte mir

wahrlich leid!" Dabei lachte sie hell auf. „Wenn
diese nicht ein Engel von Sanftmuth ist, läuft sie
in den ersten acht Tagen davon. Gerade so stelle
ich mir den richtigen Haustyrannen vor. In allen
zehn Fingern juckt es mir immer, wenn er sich gegen
mich mit seiner ganzen vormundschaftlichen Würde
in Positur setzt."

„Und ich denke, es müßte für ein junges
Mädchen ein beglückendes Gefühl sein, dieses schroffe
stolze Männerherz zu besiegen," antwortete Fräulein
Werner mit einem schalkhaften, feinen Lächeln.
„Mr. Leslie ist meinem Geschmacke nach ein auffallen=
der Mann, voll ritterlicher Kraft und Energie, klug,
und so durch und durch Gentleman. Ich finde ihn
gerade so sehr verschieden von den meisten jungen
Männern unserer Zeit."

Maria hatte den Blick zur Erde gesenkt und
war leicht erröthet. Doch plötzlich bückte sie sich
nach einem weißen zusammengefalteten Papierstreifen,
hob ihn auf und bog ihn auseinander.

„Siehe doch, Tante! Was ist das nur? Ob
Mr. Leslie den Zettel verloren hat? Ich verstehe
eigentlich nicht, was er bedeutet. Hier steht die
Zahl 400 Dollars."

Damit reichte sie denselben der alten Dame,

die einige Sekunden prüfend ihre Augen darauf
ruhen ließ. Dann rief sie erschrocken aus:

„Das ist ja, wie mich dünkt, ein Pfandschein,
Kind! Hier lese ich deutlich: ‚Zwei Diamant=
Ohrringe‘ und darüber die Summe von Dollars.“

„Aber mein Gott! wie kommt denn dieses Ding
hierher?“ fragte das junge Mädchen ungläubig.
„Unmöglich kann doch Jemand aus diesem Hause
dieses Papier verloren haben. Ist es Dir denkbar,
daß eine von den Damen Diamanten versetzen
könnte, Tante?“

„Und doch wird es wohl so sein,“ erwiderte
Fräulein Werner, während sie den Zettel wieder
vorsichtig zusammenfaltete. „Gerade die eleganten
Damen der großen Welt sind oft in Geldverlegen=
heit, auch wenn sie reich sind oder es zu sein scheinen;
dann wird so Rath geschafft — auf diese wenig
delikate Weise. Jedenfalls ist es gut, daß wir den
Pfandschein gefunden haben, und er nicht in unrechte
Hände gekommen ist.“

Schweigend schritten sie eine Weile nebeneinander
her. Doch schien es, als wäre Maria's fröhliche
Stimmung mit einem Male verschwunden. Tief
nachdenklich geworden, fragte sie endlich, als sie sich
dem Hause näherten:

„Glaubſt Du etwa, daß Alice den Schein ver=
loren hat, Tante?"

„Ja, das glaube ich mit Beſtimmtheit," er=
widerte dieſe, „und ich halte es für das Beſte, wenn
Du ſelbſt ihn zurückgeben könnteſt. Die Jugend
geht viel leichter über ſolche peinliche Dinge hinweg.
Alice wird Dir gegenüber weniger verlegen ſein,
als wenn zum Beiſpiel Mrs. oder gar Mr. Leslie
von der Sache erführe. Ich habe ſie wahrlich nicht
für ſo — leichtſinnig gehalten. Sie wird wohl,
wie ich ſie nun beurtheile, dem ‚Bruder' ein tüchtiges
Stück Geld koſten. Hier haſt Du den kleinen Ver=
räther. Lege ihn einſtweilen in Dein Portefeuille,
bis eine Gelegenheit ſich findet, die junge Frau
allein zu ſehen."

Der laute Ton der Frühſtücksglocke ſchallte bis
in den Garten hinaus, und die Damen begaben ſich
langſamen Schrittes nach dem Hauſe.

Als ſie eintraten ſaß Mrs. Leslie in ihrer
Würde als Hausfrau ſchon am oberen Ende der
Tafel und bereitete den Thee. Auch das dining
room war, gleich allen übrigen Räumen des großen
Hauſes mit gediegenem Komfort und altväterlicher
Solidität ausgeſtattet, und der Speiſetiſch verrieth
ſofort den amerikaniſchen Haushalt. Mr. Leslie,
welcher an einem der tiefen Fenſter im Herald ge=

lesen hatte, erhob sich beim Eintritt der Damen sofort. Fräulein Werner herzlich die Hand schüttelnd, wendete er sich nun an Maria, an deren Seite er Platz nahm.

„Nun, was haben Sie geträumt? Es ist mir von Deutschland her erinnerlich, daß man dort den Aberglauben hegt, der erste Traum in einem fremden Hause ginge in Erfüllung. Ist es nicht so, Maria?"

Er lächelte und sah mit sichtlichem Wohlgefallen in das vom frischen Morgenwinde leicht geröthete Antlitz des jungen Mädchens.

„Gewiß glaubt man das," antwortete sie, eben= falls lächelnd. „Und gerade ich selbst bin aber= gläubisch, wie ein Seemann. Ein böser Traum verdirbt mir oft die Laune für den ganzen Tag."

„Dann hoffe ich aber sehr, daß dies heute nicht der Fall ist. Wollen Sie mir Ihren Traum nicht erzählen?"

„O nein!" entgegnete sie rasch, über und über erglühend. „Er ist zu lächerlich — und auch wieder zu traurig."

Gar nicht zu ihm aufschauend, beschäftigte sie sich — wie um ihre Verlegenheit zu verbergen — mit dem Thee, sah daher auch nicht die erstaunten, fast entzückten Blicke, welche Mr. Leslie auf sie richtete. Das reizende Gesicht, von Purpur über=

goſſen, die geſtern ſo trotzigen Augen ſchüchtern ge=
ſenkt, ſo hatte er ſie noch nicht geſehen. War es
denn daſſelbe Mädchen, welches ſo unnahbar ſtolze
Worte ſprechen konnte?

„Harry! Du vergißt ganz die Honneurs zu
machen. Bitte, reiche Fräulein Werner einmal den
Toaſt herüber!"

Mit dieſem Verweiſe riß die Stiefmutter ihn
aus ſeinen ſtummen Reflexionen. Die ſonſt ſo ſanfte
melodiſche Stimme der Dame klang dabei ziemlich
ſcharf.

„Wo nur Alice bleibt? Sie weiß ja, daß ich
durchaus auf Pünktlichkeit bei den Mahlzeiten halte.
Ben, gehen Sie hinauf," wendete ſie ſich an den
ſervirenden Neger, „und melden Sie, daß wir längſt
bei dem Frühſtück ſäßen!"

Nachdem der Diener dieſem Befehle nachge=
kommen, richtete Mrs. Leslie ihre verſchleierten
Augen mit ſcharf ſtechendem Blick auf das junge
Mädchen und ſagte:

„Sie waren ja heute ſchon im Garten, Fräulein
Arnold! Ich ſah Sie und Fräulein Werner von
meinem Wohnzimmer aus. Lieben Sie ſolche zeitige
Promenaden?"

„Wir ſind gewöhnt, ziemlich früh aufzuſtehen,"
entgegnete Maria unbefangen und höflich. „Und

außerdem macht es uns Vergnügen, die schöne Umgebung etwas kennen zu lernen."

„So!" war Alles, was die Dame des Hauses
darauf erwiderte; allein um den festgeschlossenen
Mund lag ein malitiöser Zug. — Im selben Moment erschien auch wieder der alte Neger, welcher
die Nachricht brachte, daß Mrs. Hennington sehr
heftige Kopfschmerzen habe und nicht zum Frühstück
erscheinen könne.

Mrs. Leslie zog die Stirn kraus. Sichtlich
verstimmte es sie, daß Alice mit ihrem amüsanten
Geplauder, mit ihrem, wie sie meinte, bestrickenden
Liebreize das unbegreifliche Interesse, welches Harry
an dem deutschen Mädchen nahm, nicht siegreich aus
dem Felde schlagen konnte. Sie sagte daher schnell
und in fast katzenartiger Freundlichkeit:

„Ich bitte Sie herzlich, Fräulein Arnold, nach
dem Frühstück meine Tochter aufzusuchen, um sie
ein wenig zu zerstreuen, da ich überzeugt bin, daß
Ihre Gesellschaft Alicen sehr angenehm sein wird,
besonders . . ."

„Lassen Sie sich aber nicht zu lange von meiner
Schwester festhalten, Maria!" unterbrach Mr. Leslie
die Rede der Stiefmutter. „Denn ich möchte später
mit Ihnen und Fräulein Werner eine kleine Fahrt
durch die City machen, damit Sie doch einigermaßen

orientirt sind. Alice kann ganz gut allein bleiben, besonders, wenn sie Kopfschmerzen hat, die bei ihr niemals sehr lange anhalten."

Wenn auch hierbei ein Lächeln um seine Lippen spielte, so sprach er doch äußerst kurz, nur in einem so bestimmten Ton, daß die dunklen Augen seiner Mündel beinahe besorgt zu Mrs. Leslie hinüber= flogen, sich aber eine Weile später, halb erstaunt, halb beruhigt auf ihn richteten. —

Das Frühstück war beendet, und Maria eilte sofort hinauf nach Mrs. Henningtons Zimmer.

Die junge Frau lag weder im Bett, noch auf dem Sopha, wie zu erwarten gewesen, sondern sie kniete in sehr unvollständiger Toilette vor einer zierlichen Chiffonière, deren Schübe weit heraus= gezogen waren. Bänder, Spitzen, Handschuhe hastig und erregt durcheinanderwerfend, schien sie offenbar etwas zu suchen.

„Ach, entschuldigen Sie mich, liebes Herz!" sagte sie bei Maria's Eintritt in ziemlich weiner= lichem Tone. „Nehmen Sie bitte Platz! Ich bin nämlich, wie Sie sehen, in einiger Aufregung, weil ich — etwas mir Unentbehrliches verlegt oder verloren habe. Den ganzen Morgen quäle ich mich schon, diesen Gegenstand — der, nebenbei gesagt, nur ein unscheinbares Stück Papier ist — zu suchen."

Währenddem sie sprach, wurden die kostbaren feinen Dinge, mit denen die Fächer des Schränkchens angefüllt waren, unbarmherzig herausgerissen und zerdrückt. Maria Arnold dachte sogleich an den gefundenen Pfandschein. Sie näherte sich Alicen und fragte zagend:

„Einen kleinen weißen Zettel suchen Sie, Mrs. Hennington? Zufällig habe ich heute des Morgens im Garten einen solchen gefunden. Das trifft sich glücklich. Hier ist er!"

Das Papier aus der Tasche nehmend, überreichte sie es der jungen Frau. Diese war sogleich aufgesprungen, und indem sie Maria mit beiden Armen umschlang, rief sie jubelnd:

„Sie sind ein Engel! Ja wohl, das ist der Deserteur! Im Garten also hat er gelegen? Dort war ich gestern eine kurze Zeit. Nun Gottlob, daß das Ding wieder da ist. Ich habe eine wahre Todesangst ausgestanden. Tausendmal danke ich Ihnen, liebes Herz, und ganz besonders noch deshalb, daß Sie gleich zu mir gekommen sind, mich von dieser Pein befreit haben. Wissen Sie aber, was das zerknitterte Stückchen Papier bedeutet?" fragte sie nach einer Weile, wobei sie forschend in Maria's Gesicht sah.

„Ja," entgegnete diese offen. „Fräulein Werner

meinte, es sei ein Pfandschein. Ich selbst hätte das nicht gewußt."

„Das glaube ich wohl, mein Kind! Aber da Sie doch nun einmal um mein Geheimniß wissen, so will ich Ihnen sagen, daß ich vor einigen Tagen in arger Geldverlegenheit mich befand. Mein Gott, man braucht ja so schrecklich viel in der großen Welt, und ich will doch nicht immer die Mutter oder Harry um jede Lapalie bitten. Well, ich habe ein paar Diamanten versetzt. Das ist Alles! Aber es wäre mir entsetzlich gewesen, wenn mein Bruder diesen Zettel gefunden hätte!" und sie drückte das Papier, damit es ihr nicht mehr entschlüpfe, fest in der zarten Hand zusammen. „Man würde dann sofort ein großes Familienkoncil gehalten haben, wobei ich mir — schuldbewußt, ohne mich vertheidigen zu können — natürlich wie eine arme Sünderin vor= gekommen wäre."

Die hübschen Augen zum Himmel aufschlagend, machte sie in dem Momente wirklich ein wahres Armsündergesicht.

„Ich freue mich sehr, daß ich Ihnen Unan= nehmlichkeiten ersparen konnte," versetzte Maria sanft und mitfühlend, indem sie der jungen Frau zugleich behülflich war, die zerstreuten Sachen zu ordnen.

Doch plötzlich faßte Alice ihre Hand und sah ihr ängstlich in die Augen.

„Wollen Sie nun mir auch das versprechen, keinem Menschen über diese fatale Angelegenheit etwas zu sagen, Maria? Ich bitte Sie bei Allem, was Ihnen lieb und heilig ist, schweigen Sie gegen Harry und die Mutter! Es kann Ihnen doch wahrlich nicht schwer werden, nicht wahr? Sie müssen mir Ihr Wort darauf geben," setzte sie mit einer un= widerstehlich reizenden, bittenden Miene hinzu.

„O natürlich, von Herzen gern!" war die schnelle Erwiderung. „Mein Wort, ich schweige und Fräulein Werner wird auch nicht darüber sprechen, das weiß ich! Werden Sie nun auch hinunter= kommen, Alice? Mr. Leslie wünscht mit uns aus= zufahren. Das ist sicherlich gut gegen Ihre Kopf= schmerzen."

„Kopfschmerzen!" rief die junge Amerikanerin heiter und belustigt. „Ich habe ja gar keine, das war nur eine Ausrede!"

Dabei tanzte sie seelenvergnügt im Zimmer umher.

Maria lachte. Alice war wirklich ein reizendes Geschöpf. Das dachte sie ohne Spur von Neid, während ihre Augen bewundernd über die ver=

führerisch schöne Gestalt der jungen Frau hin=
glitten.

„Gewiß fahre ich mit, darling! Nur muß ich
mich doch vor Allem anziehen."

Mit diesen Worten schob sie lachend das junge
Mädchen zur Thür hinaus.

––––––––

Sechstes Kapitel.

Fast sechs Wochen waren vergangen und Clara Werner rüstete zur Heimreise.

Der Mai neigte sich seinem Ende zu. Derselbe hatte sich auch in diesem Jahre nicht verleugnet, das heißt, er war, wie das in den Nord= und Ost=Staaten Amerikas meistens der Fall ist, vom ersten bis zum letzten Tage unbeständig gewesen. Regen und eisige Winde wechseln mit schwüler Wärme, so daß dort schon der glühend heiße Sommer eintritt, ohne vorher den Genuß des Frühlings gewährt zu haben.

Mr. Leslie's Haus bot nun ein gänzlich ver=ändertes Aussehen und zeigte, inmitten des blühen=den Gartens mit dem reichen Blätterschmucke an der Front, sich jetzt bedeutend verschönert. Bis zum Dache hinauf kletterten die graziösen Ranken des wilden Weins und auch der Balkon, wie die Säulen waren dicht und üppig davon umzogen.

„Wie ist doch die Zeit so schnell vergangen, Tante Clara!" sagte Maria Arnold an dem Tage, wo sie die treue Hüterin ihrer Jugend nach dem Dampfer begleiten wollte. Sie hatte den Arm um Fräulein Werner geschlungen und lehnte den Kopf, als müsse sie das tiefe Weh verbergen, an deren Brust. „Was soll ich hier ohne Dich beginnen, wie soll ich ohne Dich das Leben ertragen? Ach könnte ich mit Dir gehen!"

„Mein Herzenskind!" erwiderte diese, das junge Mädchen zärtlich an sich drückend; doch auch in ihrer Stimme klang es, wie unterdrücktes Schluchzen „Du bist ja nun heimisch hier. Waren die letzten Wochen nicht schön, Ria?" fragte sie, den dunklen Kopf derselben etwas aufrichtend. „Ich habe mich stets so herzlich gefreut, wenn ich Dich heiter und fröhlich sah. Du wirst hier Dein Leben genießen, das bin ich überzeugt, wirst geliebt und gefeiert sein und dann — auch einmal recht glücklich werden!" setzte sie fein lächelnd hinzu.

„Nicht hier, Tante, nicht hier!" flüsterte Maria wehmüthig. „Ich ahne, daß mir in New=York noch etwas sehr Trauriges begegnen wird. Erinnerst Du Dich des ersten Morgens in diesem Hause, als Mr. Leslie mich nach meinem Traume fragte?

6*

Damals lachte ich darüber, doch heute muß ich immer daran denken."

„Nun, und wie war denn derselbe, Ria?"

„Mir träumte, ich stände fast bis zum Halse in einem tiefen immer höher anschwellenden Wasser, während Alice mit lachendem Gesichte und strahlen= den Augen in einer prächtigen Gondel an mir vorüberfuhr. Doch sie wollte mir nicht helfen, so sehr ich auch flehte. Immer nur schüttelte sie ihre goldenen Locken und fuhr nach einer grünen Insel, auf welcher Mr. Leslie stand. Plötzlich war auch er in dem Schiffchen und sie kamen dicht an mich herangefahren. Jedes Mal aber, wenn ich meine Hand nach ihnen ausstreckte, wurde die Entfernung zwischen uns größer und das Wasser wuchs fort= während."

„Das ist ja eine schauerliche Geschichte!" sagte Fräulein Werner lachend und mehr belustigt, als ernst. „Kommt dann nicht noch ein romantischer Schluß?"

„Ja, höre nur weiter! Auf einmal sagt Mr. Leslie's Stimme dicht neben mir: er wolle mich retten, aber nur unter einer Bedingung, daß ich zeitlebens ihm angehören solle, und da sah ich auch sein Gesicht mit den kalten grauen Augen, die genau so blickten, wie damals, als er zum ersten Male mir

gegenüberstand. Ich rief ihm nur ein: Niemals!
zu und das Wasser rauschte über mich hinweg.
Siehst Du, Tante, das hat gewiß etwas zu be=
deuten!"

„Aber Ria! Wie kannst Du mit Deinem ver=
nünftigen aufgeklärten Kopfe an solchen Unsinn
glauben? Träume sind Schäume! Mache Dir das
Herz nicht schwer! Komm jetzt, wir wollen lieber
hinuntergehen! Nur Eines möchte ich Dir noch
sagen, mein Liebling!" fügte sie ernst hinzu: „Sei
auf der Hut vor Mrs. Leslie! Trotz ihrer an=
scheinenden Sanftmuth und großen Frömmigkeit
halte ich sie für eine gefährliche Frau. Sie will
nun einmal die Heirath mit Alice und ihrem Stief=
sohne erzwingen und vielleicht sieht sie in Dir ein
neues Hinderniß. Ich selbst meine, daß es wohl
nie dazu kommt, da ich in diesen sechs Wochen viel
beobachtet und entdeckt habe. Bleibe Du ferner,
wie Du immer bist, offen und natürlich, Ria!
Deinem Vormunde gegenüber sei nur manchmal
etwas weniger schroff! Bedenke, daß die Nachgiebig=
keit mit eine der schönsten Tugenden des Weibes
ist! Und halte Dich viel an Bodenhausens. Beide
sind vortreffliche Menschen, die Dich liebgewonnen
haben. So, damit wären die guten Lehren Deiner
alten Gouvernante beendet."

Leise klopfte es an der Thüre nach dem Vor=
saale, und Ben steckte seinen wolligen Kopf herein.

„Mr. Leslie läßt fragen, ob die Damen bereit
sind?" sagte er ehrerbietig. „Und ob es Miß Werner
angenehm sei und nicht störe, wenn er sie nach dem
Steamer begleitete?"

„O gewiß nicht!" entgegnete diese sogleich.
„Es ist sehr freundlich von Mr. Leslie. Wollen
Sie ihm das ausrichten, Ben?"

Der Neger nickte, blieb aber noch immer an
der Thüre stehen.

„Nun?" fragte Clara Werner, zu ihm heran=
tretend. „Wünschen Sie noch etwas?"

„Ich wollte der Miß nur sagen, daß — sie
ohne Sorgen abreisen kann," begann der alte Mann
leise und zögernd, damit Maria seine Worte nicht
höre, welche in einiger Entfernung stand und ver=
schiedene Kleinigkeiten in Fräulein Werners Hand=
tasche packte. „Denn Ben wird über Miß Mary
wachen, daß ihr kein Leid zugefügt wird. Sie ist
tausendmal besser, als Mrs. Leslie und ihre Tochter,
die stets die Leute nur tyrannisiren und für sie
niemals ein gütiges Wort haben."

Die alte Dame hielt es für besser, seine
Herzensergüsse zu unterbrechen; daher sagte sie schnell:

„Ich danke Ihnen, Ben! Sie sind ein braver

Mann. Aber woher sollte Miß Mary eine Gefahr drohen? Sie steht ja unter Mr. Leslie's Schutze, der sich stets ihrer annehmen wird."

Mit diesen Worten entließ sie den Neger, und wenige Minuten später betraten sie das Parlour, um sich bei Mrs. Leslie und Alice zu verabschieden. Erstere schien vortrefflicher Laune zu sein. Sie küßte Maria sogar auf die Stirn und sagte in der liebenswürdigsten Weise zu Fräulein Werner:

„Reisen Sie mit Gott, mein Fräulein, und machen Sie sich keine Sorgen wegen Maria! Ich gebe Ihnen die Versicherung, sie wird unter meinem Schutze wohl geborgen sein. Es soll mir zur Pflicht werden, über sie zu wachen. Jedoch hoffe ich, daß sie von einer welterfahrenen Frau ab und zu eine Lehre annehmen kann."

Obgleich Clara Werner auch hier am Liebsten geantwortet hätte, daß ihr Zögling unter Mr. Les= lie's Schutze ganz vorzüglich geborgen sei, so unter= drückte sie doch jede solche Aeußerung und erwiderte blos einige höfliche Worte, während ihre Blicke fast ängstlich nach dem jungen Mädchen hinüberflogen. Aeußerlich zeigte Maria sich ziemlich gefaßt; aber dem scharfen Auge der Freundin entging es nicht, wie das junge Herz in leidenschaftlichem Wehe zuckte.

Sie wußte, daß seit dem Tode des Vaters diese Trennung der erste tiefe Schmerz für sie sei.

Und so kam die letzte schwere Abschiedsstunde. Das Scheiden ist immer und in allen Lagen und Verhältnissen schmerzlich. Im Momente aber, wo ein stolzes Schiff den Hafen verläßt, uns ein theures Wesen entführt, da fühlt man das Trennungswehe wohl noch mehr und tiefer, als sonst. So erging es auch Maria, als sie an der Seite des Vormundes dem langsam und gravitätisch sich fortbewegenden Dampfer nachblickte. Mit fast übermenschlicher Kraftanstrengung drängte sie die aufwallenden Gefühle ihres Herzens zurück —, sagte sie sich, daß es ja egoistisch wäre, Clara Werner für immer an ihre Person zu bannen und dieselbe ihren heimatlichen Verhältnissen und Pflichten zu entziehen. Aber alle guten Vorsätze zerstoben gleich Spreu im Winde bei dem einzigen Gedanken: „Allein in der Fremde, — allein!" und so sehr sie sich auch dagegen sträubte, die Thränen flossen nur unaufhaltsamer aus den braunen Kinderaugen über das heute so bleiche Gesicht herab auf den Schmelzbesatz ihres Kleides, wo sie mit diesem im hellen Sonnenglanze um die Wette glitzerten und funkelten.

„Maria!" sagte plötzlich eine tiefe, fast zärtliche Stimme neben ihr, welche so sanft und weich

klang, daß das junge Mädchen verwundert zu dem
Begleiter aufblickte. „Maria, fühlen Sie sich denn
gar so einsam hier? Wollen Sie noch immer nicht
verstehen und begreifen, daß mein Haus Ihnen
nicht allein eine Heimat sein soll, sondern daß es
zugleich mein innigster Wunsch ist, Sie glücklich zu
wissen, nicht nur, weil ich Ihrem Vater einst ver=
sprochen, für Sie zu sorgen, — nein, auch deshalb,
weil ich Sie als sein Kind lieb gewonnen habe?
Fühlen Sie nicht, Maria, daß diese Thränen, die
nicht allein der Trennung von der Jugendfreundin
fließen, mir wehe thun? Ist denn das Bewußtsein,
jetzt unter meinem Schutze zu stehen, gar so be=
drückend und so schwer zu tragen?"

Sie sah noch immer zu ihm empor, in seine
„kalten grauen Augen", doch wie anders blickten sie
heute! War es vielleicht die Sonne, die das ernste
Männerantlitz mit einem Male so hell beleuchtete —
so hell aufstrahlen ließ? Ein nie gekanntes, wunder=
bares Gefühl regte sich im Herzen des jungen
Mädchens. Kam es ihr doch vor, als könne sie
unter dem Schutze dieses Mannes sich niemals
einsam noch verlassen fühlen. Aber zugleich tauchte
der alte Trotz und Widerspruch in ihr auf. Die
ungerechtfertigten Vorurtheile, die sie von früher her
gegen ihn hegte, waren mächtiger, als jede andere

neue Empfindung, und sich wieder emporrichtend,
als ob sie sich der weichen Stimmung schäme, sagte
sie in ihrem alten herben Tone:

„Ja, Mr. Leslie! ich fühle mich grenzenlos
einsam. Nichts kann mir meine Heimat ersetzen.
Aber ich bin kein Kind mehr und so werde ich mich
in mein Schicksal zu finden wissen."

Darauf schritt sie, ohne ihn wieder anzusehen,
nach dem Wagen. Auch Mr. Leslie sprach kein
Wort mehr; vielmehr schien er tief verletzt und so
fuhren sie schweigend, Beide mit den eigenen Gedanken beschäftigt, über die Hoboken-Ferry nach
New-York zurück, wo er in der unteren Stadt sich
von ihr verabschiedete, um in sein Geschäft zu
gehen. —

Schon nach zwei Stunden — zu einer ganz
ungewöhnlichen Zeit — trat Mr. Leslie in Begleitung seines Geschäftsführers Mr. Remsey wieder
in sein Zimmer. Letzterer, ein noch ziemlich junger
Mann mit fast unschönen, doch geistreichen Zügen,
sah ernst und mit einer gewissen Ungeduld in das
lebhaft geröthete Antlitz seines Herrn, welcher, Hut
und Paletot hastig bei Seite werfend, eilig nach
seinem Schreibtische schritt und denselben aufschloß.

„Also Sie entsinnen sich mit Bestimmtheit, den
Depositenschein mir gegeben zu haben, Mr. Remsey?"

fragte er nach einer Weile den neben ihm stehenden jungen Mann, während er, ohne aufzublicken, verschiedene Schübe aufzog und deren Inhalt Blatt für Blatt herausnahm.

„Ich bin dessen so sicher, als ich weiß, daß ich die Ehre habe, sechs Jahre in Ihren Diensten zu stehen, Mr. Leslie!"

„Sonderbar!" entgegnete dieser sinnend. „Der Depositenschein befindet sich auch nicht, wie ich zuverlässig dachte, in meinem Schreibtische. Ich fürchte, er ist verloren. Das wäre mir sehr fatal, wenngleich wir dabei keine Gefahr laufen. Indeß — merkwürdig ist es doch, daß ich während der ganzen Zeit gar nicht an das Papier dachte und erst heute durch Mr. Harper, der dasselbe zurückverlangte, daran erinnert wurde. Am 5. April, sagten Sie? Dann war es ja an dem Tage, wo mein Mündel, Fräulein Arnold hier eintraf."

„Ja, genau an diesem Tage nahmen Sie den Depositenschein von mir in Empfang, Mr. Leslie! Damals kamen Sie, ehe Sie nach Hoboken fuhren, einen Moment in das Bureau."

„Darauf besinne ich mich jetzt auch, und ist es mir nun ganz unzweifelhaft, daß ich hier im Hause den Schein verloren haben muß. Ich werde nachher sofort meine Stiefmutter bitten, das weibliche Dienst=

personal einmal ins Verhör zu nehmen, obgleich ich
schließlich für die Ehrlichkeit aller meiner Leute ein=
stehen möchte. Und selbst wenn ein Diebstahl vor=
läge, warum sind dann, wie Sie sagen, noch nicht
die geringsten Versuche gemacht worden, die Werth=
papiere von der Depositen=Bank abzuholen? Ganz
unerklärlich ist es mir, wie ich so nachlässig sein
konnte, und wo ich damals meinen Kopf gehabt
habe," setzte er gedankenvoll hinzu. „Sie kennen
mich doch auch als einen Ordnung liebenden Menschen.
Nicht wahr, Remsey?"

„Wenn ich mir die Freiheit nehmen darf, offen
meine Ansicht zu äußern," erwiderte der Geschäfts=
führer schnell, „so ist es mir allerdings aufgefallen,
daß Sie seit einiger Zeit ein wenig zerstreut sind
und dem Gange der Geschäfte nicht mehr mit dem
gleichen Interesse folgen, als das früher der Fall
gewesen ist. Ich hoffe und glaube, daß Sie eben
aus Zerstreutheit den Depositenschein irgend wohin
gelegt haben, und daß er sich doch noch findet, Mr.
Leslie!"

Dieser war den Worten Mr. Remsey's mit
sichtlicher Spannung gefolgt. Schien es ihm doch
selbst, als litte er seit einigen Wochen an einer
gewissen Zerstreuung. Er fühlte das nur zu gut,

und wie in Gedanken legte er die Hand an die Stirn und sagte:

„Vorläufig läßt sich in der Sache gar nichts thun, als die Bank zu benachrichtigen, und dieses ist, wie Sie mir versichern, bereits geschehen. So lange Mr. Harper über seine Werthpapiere nicht verfügen kann, steht ihm natürlich meine Kasse zur Disposition. Verzeihen Sie nur, Remsey, daß ich Sie unnütz hinauf bemüht habe!"

„O bitte, Mr. Leslie, das hat nichts auf sich!" entgegnete der junge Mann, nach dem Hute langend. „Kommen Sie heute noch hinunter?"

„Nein, heute schwerlich mehr. Ich will zu Doktor Bodenhausen. Nehmen Sie doch meinen Wagen; in einigen Minuten ist angespannt."

„Danke vielmals! Ich werde die Stage be= nutzen."

Und Mr. Remsey empfahl sich in seiner steifen, etwas förmlichen Weise.

Einige Sekunden später fand sich Mr. Leslie in dem Wohnzimmer seiner Stiefmutter ein. Mrs. Leslie gehörte zu den Frauen, welche stets, mochte man sie am frühen Morgen oder des Abends spät überraschen, in Toilette sind. Niemals saß auch nur eine Schleife oder eine Garnirung anders, als es sein sollte. Ueberhaupt schienen Ordnung, Ruhe und Pünktlichkeit ein Lebensbedürfniß für Andrew Leslie's Wittwe zu sein.

„Verzeihe, daß ich Dich störe, Mutter!" sagte der junge Hausherr, nachdem er Platz genommen hatte. „Ich komme nämlich, Dich um etwas zu bitten."

Schon bei seinem Erscheinen in ihrem Privat= zimmer, welches er nur bei außergewöhnlichen Ge= legenheiten betrat, hatten die hellen schläfrigen Augen überraschte Blicke zu ihm hinübergeworfen. Nun aber nahm das blasse Gesicht einen fast erschrockenen Ausdruck an, indem sie schnell und zuvorkommend entgegnete:

„Was kann ich für Dich thun, mein guter Sohn? Du weißt, daß ich Deine Bitten und Wünsche stets gern erfülle!"

„O, es ist heute nichts von Bedeutung," war die ruhige Antwort. „Ich möchte Dich nur er= suchen, einmal bei den Hausmädchen nachfragen zu lassen, ob vielleicht eine derselben vor etlichen Wochen ein nicht sehr großes, beschriebenes weißes Papier gefunden hat? Ich vermisse nämlich einen Depo= sitenschein über Werthpapiere von 60000 Dollars, welchen Mr. Harper mir, als er vor einigen Wochen nach dem Westen reiste, zur Aufbewahrung gab. Remsey behauptet mit Bestimmtheit, daß ich den

Schein von der Office hierhergebracht habe. Ich kann ihn jedoch nirgends finden."

Die Dame hatte ihrem Stiefsohne aufmerksam zugehört; endlich fragte sie, ungewiß lauernd und die lichten Augenwimpern etwas hebend:

„Wann wohl war das ungefähr, Harry?"

„An dem Tage, wo Maria Arnold hier ankam, will Remsey mir das Papier in der Office über= geben haben," entgegnete Mr. Leßke noch immer zerstreut.

Ueber ihre Züge flog eine fahle Röthe, welche bei inneren Erregungen das Gesicht zu bedecken pflegte.

„Vor fünf Wochen also? — Hm — — und ein weißer Papierstreifen war es?" sagte sie langsam vor sich hin. „Besinnst Du Dich vielleicht noch darauf, Harry, ob Du am Tage vor Fräulein Arnolds Ankunft im Garten gewesen bist?"

„Gewiß, Mutter! Du weißt, ich mache täglich vor dem Dinner dort meine kleine Promenade. Er= fuhrst Du irgend etwas — oder ist am Ende das Papier draußen gefunden worden?" fragte er nun gespannt aufschauend.

„Nein, nichts Bestimmtes, Harry! Ich möchte auch noch keinen direkten Verdacht aussprechen. Man täuscht sich ja so oft. Ein merkwürdiges Zu=

sammentreffen bleibt es aber immerhin. Ich habe
nämlich an dem Morgen nach Deiner Mündel An=
kunft diese und Fräulein Werner zu früher Stunde
auch im Garten gesehen, und . . ."

„Nun?" unterbrach er seine Stiefmutter un=
geduldig.

„Höre mich, bitte, ruhig an," fuhr diese, in
ihrem Sessel sich zurücklegend fort. „In der Nähe
der großen Kastanie hob Maria ein weißes Papier
vom Boden auf, ich sah es ganz deutlich, und legte
dasselbe, nachdem die Damen es eine Weile be=
trachtet hatten, in ihr Portefeuille. Damals erschien
mir die Sache kaum beachtenswerth; doch jetzt, wo
Du mir von dem verlorenen Depositenschein erzählst,
erinnere ich mich wieder daran und denke . . ."

„Was fällt Dir ein, Mutter!" rief Mr. Leslie,
mit solcher Heftigkeit von seinem Stuhle aufspringend,
daß die Dame entsetzt die Hände faltete. „Du willst
doch nicht etwa im Entferntesten andeuten, Maria
hätte das Papier gefunden und es mir nicht sofort
zurückerstattet? Bedenkst Du denn gar nicht, was
es heißt, eine solche Beschuldigung auszusprechen?
Begreifst und ahnst Du denn wirklich nicht, was
Du damit sagst?"

Er war sehr bleich geworden und seine Augen
funkelten im höchsten Zorne, als ob er nun in der

That bereit sein müsse, das ihm anvertraute Gut — Richard Arnolds Kind — bis in den Tod zu vertheidigen. Allein auch Mrs. Leslie wurde todtenblaß. Ihr schien es mit einem Male, als hätte sie einen tiefen Blick in das verschlossene Herz des Stiefsohnes gethan, als ob aber auch der Boden unter ihren Füßen merklich wankte. Welche Entdeckung! Die stolze Frau hatte einen Moment das Gefühl, als wenn eine verwegene Hand ihr einen heftigen Schlag ins Gesicht versetzte. Vor den Augen schwindelte es ihr. Doch nicht lange währte diese Fassungslosigkeit. Nun kam es ja darauf an, mit all' den ihr zu Gebote stehenden Waffen vor der Gefahr sich zu schützen.

„Harry, Du beleidigst mich!" rief sie daher schnell gefaßt, doch in ungewöhnlich lautem, schneidendem Tone. „Glaubst Du etwa, ich werde Dir ein Märchen erzählen? Was ich sage, kann ich auch verantworten. Ich dulde nicht, daß man mich anklagt, eine Lüge auszusprechen, sei es auch nur, daß Du mir vorwirfst, übertrieben zu haben. Nun verlange ich eine Genugthuung von Dir. Jetzt augenblicklich will ich Miß Arnold zu mir herunterrufen lassen. Dann kannst Du selbst sie um die Sache befragen. Bist Du damit einverstanden?"

Mr. Leslie zögerte, weil er nicht im Mindesten daran dachte oder sich verpflichtet fühlte, seiner Stief= mutter die gewünschte Rechtfertigung zu verschaffen. Nur Maria's wegen konnte er nicht sogleich sich entschließen. Daß Mrs. Leslie in einem argen Irr= thume sich befinde, war ihm klar, und gerade des= halb hätte er sie gern überzeugt, wie sehr sie sich täusche. Mußte es denn der Depositenschein gewesen sein, welchen sein Mündel von der Erde aufge= hoben hatte? Aber war die bloße Frage nicht schon eine Beleidigung für diese?

Endlich begann er kurz, fast rauh und in einem eisigen Tone:

„Wenn Du Maria befragen willst, so thue es Deinetwegen! Ich beharre bei der Ansicht, daß Du Dich geirrt hast, und erscheint es mir jetzt wahr= haft lächerlich, daß ich darüber mich erst alteriren konnte.“

Mrs. Leslie klingelte und befahl der eintre= tenden Kammerfrau, Fräulein Arnold für einige Minuten hinunter zu bitten. Sodann nahm sie wieder ihren Platz ein, während die hellen Augen ingrimmig funkelten. Der Hausherr stand indessen am Fenster und trommelte ungeduldig an die Scheiben. Es war gar nicht zu verkennen, daß er schon sehr bereute, von dieser Angelegenheit hier

überhaupt gesprochen zu haben. Bei Maria's Ein=
tritt wandte er sich jedoch um und begrüßte sie mit
einer stummen Verbeugung. —

Das junge Mädchen blickte verwundert von
ihm nach Mrs. Leslie, welche mit einem süßsauren
Lächeln in ihrem Sessel ruhte. Diesen Gesichts=
ausdruck kannte sie bereits zur Genüge und wußte
daher augenblicklich, daß es wieder eine scharfe
Attacke zu pariren galt.

„Verzeihen Sie, daß ich Sie zu mir bemüht
habe, mein Fräulein!" begann die Dame des Hauses,
sich etwas erhebend. „Ich wollte nur einige Fragen
an Sie richten. Nicht wahr, Sie erinnern sich doch
noch daran, am Morgen nach Ihrer Ankunft mit
Ihrer Erzieherin im Garten gewesen zu sein?"

„Ja, Mrs. Leslie! Dessen entsinne ich mich
genau," erwiderte Maria, dem Anscheine nach über=
rascht und etwas erregt.

„Haben Sie da nicht — eben an jenem
Morgen — ein mit Zahlen beschriebenes Papier
gefunden?" forschte Harry Leslie's Stiefmutter weiter,
indem sie das junge Mädchen stechend anschaute.

Diese blickte erschrocken auf und eine flammende
Röthe bedeckte ihr schönes Gesicht. Für Sekunden
glich sie wirklich einer ertappten Sünderin. Jedoch
schnell gefaßt sagte sie ziemlich ruhig:

7*

„Und wenn das der Fall gewesen wäre,
Mrs. Leslie — gewiß fand ich ein solches Papier
— ich leugne das gar nicht — aber . . .“

Diese warf einen triumphirenden Blick nach ihrem
Stiefsohne hinüber, indem sie Maria unterbrach:

„Ich sah Alles hier von meinem Fenster aus.
Well — das ist ja nun Nebensache. Nur befremdet
es mich aufs Aeußerste, daß Sie den gefundenen
Zettel, welchen Sie so sorgfältig im Portefeuille
verwahrten, weder meinem Sohne selbst, noch mir
übergeben, noch uns überhaupt deshalb befragt
haben, mein Fräulein!“

Hoch aufgerichtet, den Kopf stolz in den Nacken
werfend, stand die junge Deutsche, welche ihre Ver=
legenheit jetzt gänzlich überwunden hatte, vor der
Dame des Hauses mit dem festen Entschlusse, das
Alicen gegebene Versprechen treulich zu halten.

„. . . aber ich kann Ihnen die gewünschte Auf=
klärung darüber nicht ertheilen, Mrs. Leslie!“ nahm
sie den unterbrochenen Satz wieder auf. „Weshalb
Sie dieses wunderbare Verhör mit mir anstellen,
ist mir durchaus unerklärlich. Jedoch muß ich es
über mich ergehen lassen; weil ich Ihnen eine
andere Antwort für Nichts in der Welt geben
könnte — ich darf es nicht!“

„So, Sie glauben also, ich werde hiermit mich

abweisen lassen!" rief die Dame in kaum verhaltenem Zorne dicht an Maria herantretend. „Und ich sage Ihnen, Sie werden mir dennoch antworten, mein Fräulein! Oder überrascht es Sie etwa, daß ich und mein Stiefsohn solchen Werth auf die Sache legen? Das kleine Stück Papier, welches Sie gefunden haben, ist ein Depositenschein über sechszigtausend Dollars. Genügt Ihnen das?"

Nun aber trat Mr. Leslie zwischen die beiden Damen: sein Gesicht war dunkelroth, die Stirnadern hoch angeschwollen, als er mit vor Zorn bebender Stimme sagte:

„Ich hatte Dir gestattet, Fräulein Arnold zu fragen, nicht aber, sie zu beleidigen Mutter! Keine Minute länger werde ich dulden, daß Du dieses unerquickliche Gespräch fortsetzest. Ich will es nicht — absolut nicht! Maria ist mein Gast, meinem Schutze anvertraut, und ich werde jeder ihr gewordenen Beleidigung entgegen zu treten wissen."

Das junge Mädchen stand blaß und stumm an seiner Seite, und ihre großen Kinderaugen schauten angstvoll, fast flehend in die seinen. Mrs. Leslie's Beschuldigungen waren ihr völlig unverständlich — unfaßlich.

„Mein Gott! Will diese Frau mich als Diebin brandmarken?" dachte sie entsetzt. Mit einem Male aber kam Leben in ihre Gestalt, und in den dunklen Augen flammte es heiß auf, während sie stolz und verächtlich hinwarf:

„Ich halte es für entwürdigend, auch nur ein einziges Wort zu meiner Rechtfertigung zu ver= schwenden, Mrs. Leslie! Allein wenn dieses traurige Mißverständniß einst sich wird aufgeklärt haben — dann denken Sie daran, wie ungerecht und hart es ist, ein schutzloses Mädchen zu beleidigen!“

„Schutzlos?“ fragte der junge Hausherr leise, indem er sich etwas zu ihr herab beugte. „Das sind Sie nicht, Maria, das werden Sie niemals sein.“

Nur ein Blick war bei diesen Worten auf sein Mündel gefallen, die mit zusammengepreßten Lippen und gesenkten Augen vor ihm stand und die strahlende Siegesgewißheit seiner Züge nicht be= merkte. Mrs. Leslie jedoch hatte ihn aufgefangen — diesen leuchtenden Blick; sie sah diese Verklärung in dem sonst so marmorkalten Antlitze. Plötzlich waren ihr in entsetzlicher Deutlichkeit die verborgensten Falten seines Herzens enthüllt. Was sie vor wenigen Minuten nur gefürchtet, das ward ihr nun zur Gewißheit: Harry liebte das deutsche Mädchen. Kein Wort kam mehr aus dem fast krampfhaft ge= schlossenen Munde. Die lange Schleppe des schwarzen

Gewandes zusammenraffend, wie um jeder Be=
rührung auszuweichen, schoß sie noch einen Blick
des Hasses nach der Deutschen und schritt dann hoch
aufgerichtet durch die offene Thür ihres Schlaf=
zimmers.

Auch Maria entfernte sich schweigend mit einer
gewissen Hast. Es drängte sie, diesen Räumen zu
entfliehen. Nicht ein einziges Mal mehr blickte sie
nach ihrem Vormunde hinüber, der, ehe er das
Zimmer verließ, unschlüssig einige Sekunden zögerte. —

Nachdem sich aber hinter ihr die Thür ge=
schlossen hatte, bemerkte sie erst, daß es nicht die=
selbe sei, durch welche sie eingetreten war. In
einer Art Vorzimmer sich befindend, gewahrte sie
eine zierliche Wendeltreppe nach dem oberen Stock=
werk und sie entsann sich nun, schon gehört zu
haben, daß diese nur von Mrs. Leslie und Alice
benutzt wurde, weil dieselbe dicht vor den Gemächern
der Letzteren mündete. Allein auch nach ihrem
Zimmer konnte Maria hier schneller gelangen, als
durch den vorderen Theil des großen Hauses; und
deshalb war ihr die Verwechselung gar nicht so
unwillkommen.

Tief schöpfte sie Athem und lehnte sich eine
Weile, wie ermüdet, an das Geländer der Treppe.
Ihr reines Gemüth war bedrückt und erschüttert

worden. Obwohl die ganze Sache ihr beinahe unver=
ständlich vorkam, so wußte sie doch genau und fühlte
es instinktiv, daß Mrs. Leslie ihr eine nie zu ver=
zeihende Beleidigung zugefügt hatte.

„Ob Alice wohl den Muth haben würde, der
Mutter den wahren Sachverhalt zu erzählen?"
flüsterte sie leise. „Nur sie könnte mich rechtfertigen
— aber nein, ich will keine Rechtfertigung!" setzte sie
verächtlich hinzu. „Was Mrs. Leslie von mir denkt,
ist mir völlig gleichgültig — und mein Vor=
mund?"

Jenes wunderbare, süße Gefühl, welches heute
am Steamer schon einmal über sie gekommen war,
regte sich aufs Neue in ihr. Es wallte heiß und
seltsam durch ihr Herz. Schützte nicht er das fremde,
hier ganz verlassene Mädchen? — Und zum ersten
Male dankte sie es ihrem Vater, daß er sie der
Obhut dieses Mannes anvertraut hatte. Langsam
stieg sie nun die schmale Stiege hinan. Im Moment
aber, als sie an Alicens Zimmer vorüberzugehen im
Begriff stand, schlug die Stimme ihres Vormundes
deutlich an ihr Ohr. Seine Worte waren nicht
verständlich, jedoch mußten sie wohl jedenfalls Freude
und Glückseligkeit auf die junge Frau herabbe=
schworen haben; denn sie rief in dem ihr eigenen
lauten und hellen Tone: „O Harry, wie beglückst

Du mich! Du hast es also schon längst geahnt?
Was wird nur die Mutter dazu sagen — und
Maria?"

Wie gebannt blieb das junge Mädchen stehen.
Obschon sie nicht horchen wollte, hielt es sie doch
wie mit Zauberbanden zurück.

„Mein liebes Herz!" sagte Mr. Leslie nun
lauter: „Es macht mich ja selbst sehr glücklich; nur
bitte ich Dich, Maria vorläufig noch nichts davon
zu sagen, weil . . . ."

Den letzten Satz hörte sie nicht weiter. Wie
durch böses Gewissen getrieben, stürmte sie nach
ihrem Zimmer. — Was machte nur das unschuldige
Kinderherz plötzlich in tiefem Wehe zusammenzucken?
Was ging es sie an, ob Mr. Leslie Alicen seine
Liebe gestand oder nicht, ob er dieses blendend
schöne, verführerische Weib liebte oder nicht und ob
sie nun seine Braut war? Ihr mußte das ja voll=
ständig gleichgültig sein; ihr blieb er immer nur
der Vormund und sie wollte ihm gar nichts anderes
sein, als sein Mündel! Nein, nein, niemals! dachte
sie, die Lippen zornig aufwerfend. Und dennoch
barg Maria bei all' diesen Gedanken den Kopf in
die Hände und schluchzte leidenschaftlich. Räthselhafte,
wunderbare, und ach so schmerzliche Empfindungen
wallten in ihrem Innern auf. Der Mann, dem

sie von frühster Jugend an feindlich und stets kampf=
bereit gegenübergetreten war, dem sie so gern wider=
sprach, dessen fester imponirender Blick ihr das Blut
zornig aufsteigen machte, dieser Mann erschien ihr
mit einem Male als das verkörperte Ideal der
Männlichkeit und Kraft, zu dem sie bewundernd
aufsehen mußte, dessen Achtung und Freundschaft zu
besitzen ihr plötzlich das größte Glück auf Erden
dünkte! War die Frau nicht zu beneiden, die diese
Augen zärtlich blicken sah, welche diese Lippen süße,
berauschende Worte sprechen hörte? Und diese Frau
war Alice, und ihr — ihr blieb er der Vormund!
O wie haßte sie in diesem Momente jenes Wort,
und grade jetzt fühlte sie aufs Neue und doppelt
so schwer die Trennung von der treuen Freundin
und Rathgeberin. „O Tante Clara!" seufzte sie
tief auf. „Du bist kaum einige Stunden fort und
schon verlangt es mich so namenlos nach Deinen
sanften tröstenden Worten; schon jetzt weiß und
ahne ich, daß jeder Tag in diesem Hause mir
Schmerz und Qualen bereiten wird; denn diese
Stunde ließ mich fühlen, daß ich anders an
Mr. Leslie denke, als ich ja an ihn denken darf,
daß hinter all' meinem Trotz und Eigensinn nur
— die Liebe zu ihm sich versteckt hat! Eine sünd=
hafte unglückselige Liebe, und das ist das Schreck=

lichste und Schlimmste, was über mich kommen
konnte. O Gott, wie soll ich es ertragen, noch
drei lange Jahre in seiner und ihrer Nähe zu
leben?! Gehört da nicht mehr dazu, als stark und
muthig zu sein, wie Du es von mir verlangst,
Tante Clara?"

Es läutete das erste Mal zum Dinner. Das
junge Mädchen schreckte empor und Purpurgluth
färbte die sanftgerötheten Wangen. Das Herz
klopfte ihr leidenschaftlich bei der Idee, ihn nun
wiederzusehen, ihm nun gleichgültig entgegenzu=
treten; aber wenn auch die junge Seele vor Wehe
vergehen sollte, zeigen wollte sie ihm ihre Gefühle
niemals; und mit diesem festen Entschlusse ordnete
sie schnell ihre Toilette und schritt, wenige Minuten
später, ruhig und gefaßt die breite Treppe zum
Speisezimmer hinab.

Etwas nach sieben Uhr mochte es sein, als
Mr. Leslie die Klingel bei Doktor Bodenhausen zog.
Dessen Haus lag in einer der stillen Seitenstraßen
zwischen der 4. und Lexington Avenue, und be=
wohnte er dasselbe mit seiner Gattin ganz allein,
weil es eines der nicht eben großen, doch so unend=
lich komfortablen amerikanischen Privathäuser war.
Die hohe steinerne Treppe führte von Außen nach
dem sogenannten „Parlourfloor", dessen vorderes

Zimmer der Doktor für sich in Anspruch nahm und
wo er auch seine Sprechstunden abhielt. Der nach
dem Garten gelegene große Salon hingegen, wo
jetzt die Knospen der Spalier=Rosen in dichten
Büscheln zu den geöffneten Fenstern hinein hingen,
wurde von der Dame des Hauses als Wohnzimmer
benutzt.

Mrs. Bodenhausen öffnete selbst die Hausthüre
und rief freudig aus:

„Das ist einmal hübsch von Ihnen, Mr. Leslie,
daß Sie uns besuchen!"

Damit führte sie den willkommenen Gast in
das Zimmer ihres Mannes.

Sie war eine kleine sehr lebhafte Frau mit
dunklen Augen, doch schon völlig ergrautem Scheitel.
Amerikanerin von Geburt, lebte sie mit Doktor Boden=
hausen seit beinahe dreißig Jahren in der glück=
lichsten Ehe und verstand es als Muster einer
amerikanischen Hausfrau meisterhaft, Komfort und
Behaglichkeit um sich zu verbreiten. Früher mochte
zu vollständigem Glücke wohl nur der Kindersegen
gefehlt haben. Doch jetzt waren sie Beide alt ge=
worden und zufrieden mit ihrem Loose. Der Doktor
lebte fast ausschließlich für seine Kranken und spielte
nur des Abends mit Vorliebe eine Partie Skat,

während Mrs. Bodenhausen den verschiedensten Wohl=
thätigkeits=Anstalten sich widmete.

„Mein Mann ist vor wenigen Minuten noch
einmal abgerufen worden," fuhr sie fort, einen
großen Lehnstuhl für Mr. Leslie an das offene
Fenster schiebend. „Setzen Sie sich hierher, der
Abend ist so köstlich. Der Doktor wird wohl nicht
gar zu lange bleiben. Bis dahin müssen Sie freilich
mit meiner Gesellschaft vorlieb nehmen."

„Und ich bin glücklich, Sie einmal ganz für
mich zu haben, Mrs. Bodenhausen! Denn heute bin
ich nur zu Ihnen allein gekommen," entgegnete er
verbindlich.

„Wirklich? das freut mich. Schon so lange
haben Sie sich bei uns nicht mehr sehen lassen,
Harry!" Mit diesen Worten nahm sie ihm gegen=
über Platz und blickte forschend in sein etwas ernstes
Antlitz. „Auch scheint es mir jetzt, wenn ich Sie
aufmerksam betrachte, als sei die heitere Ruhe von
Ihrem Gesichte verschwunden. Beinahe kommt es
mir vor, als wollten Sie ihrer alten Freundin einen
Kummer, irgend eine Sorge, die Sie bedrückt, ver=
bergen. Mein Mann meint zwar, Sie hätten sich
überarbeitet, zu viel angestrengt. Nein, Harry, das
ist es nicht — vielmehr . . ."

„Um Gottes Willen, halten Sie mir keine

Strafpredigt, Mama Bodenhausen!" unterbrach
Mr. Leslie sie schnell, indem er sich Mühe gab, einen
heitren Ton anzuschlagen; doch klang seine Stimme
gepreßt. „Ich habe heute eine Differenz mit
meiner Stiefmutter gehabt. Sie wissen ja, daß
von dieser Seite her mir gern empfindliche Hiebe
versetzt werden, besonders, wenn Mrs. Leslie wieder
einmal fühlt, daß die Zügel doch nicht so ganz
sicher in ihrer Hand ruhen."

„Aber Harry, das sind ja nur unschädliche
Mückenstiche, und ich erinnere mich doch, daß Sie
vor nicht langer Zeit mir sagten, gerade nach dieser
Seite hin dächten Sie nicht im Mindesten daran,
sich zu ärgern."

„O gewiß weiß ich das; aber well — heute
war es etwas Anderes . . ." Er unterbrach sich,
das geröthete Gesicht von ihr ab nach dem Fenster
wendend.

„So, also etwas Anderes!" meinte die alte
Dame mehr bedeutungsvoll, als fragend.

Allein ihr Gast erwiderte nichts darauf. Er
hatte sich erhoben und war einige Male im Zimmer
auf und abgeschritten. Dann jedoch blieb er plötz=
lich vor Mr. Bodenhausens Schreibtische stehen und
sagte gleichgültig:

„Ich will doch sehen, ob der Doktor eine gute

Cigarre hier irgendwo liegen hat. Wir sind nun einmal unverbesserlich. Bevor das duftende Kraut nicht zwischen unseren Lippen ist, kommt keine Gemüthsruhe über uns. Sie erlauben doch?"

„Nun natürlich! In meinem Hause soll es Ihnen an keiner Bequemlichkeit fehlen, Harry! Das wissen Sie ja," erwiderte die Doktorin freundlich. „Erinnern Sie sich noch daran, wie Sie als vierzehn- oder fünfzehnjähriger Knabe Nachmittags gern von Hause fortliefen, um den Kaffee mit mir zu trinken und nachher eine freilich unerlaubte Cigarre zu rauchen? Und wie der gestrenge Hofmeister Sie regelmäßig dabei ertappte?"

„Ja, ja, das weiß ich noch wie heute," sagte Mr. Leslie lachend, indem er der alten Dame sich wieder näherte. „Auch später noch, wenn mir daheim der Boden zu heiß wurde, bin ich immer zu Ihnen gekommen, Mama Bodenhausen! Es ist ganz merkwürdig, aber in Ihrer Gesellschaft wird sofort das erregteste Gemüth, das rebellisch'ste Blut ruhig. Ich habe ja niemals die Liebe einer Mutter kennen gelernt, überhaupt nie ein mir theures Wesen am eigenen Herde schalten und walten gesehen," setzte er, zärtlich ihre Hand drückend, hinzu. „In meinem Hause finden Sie, wenn Sie einmal hinter die Coulissen schauen, nichts von wohlthuender herz-

erwärmender Liebe und Opferfreudigkeit. Ich führe
seit Jahren schon eine Art stillen Krieges. Einerseits
— und das ist noch am erträglichsten — muß ich
mich immer meiner Haut wehren gegen List, Katzen=
freundlichkeit und — Sie wissen es ja eben so gut
— gegen die Attentate auf mein Herz und meine
Hand. Andrerseits bin ich genöthigt, ab und zu
den Haustyrannen zu spielen, um gelegentlich, so
wie heute Morgen, meiner Frau Stiefmutter den
durch meine Langmuth zu hoch gewachsenen Kamm
zu kürzen. Das Alles verbittert und verleidet mir
mein Heim, darum fühle ich mich bei Ihnen so
wohl. Sie sind mir stets als der Inbegriff edler
Weiblichkeit erschienen."

Mrs. Bodenhausen lächelte fein und sagte be=
gütigend:

„Haben Sie nur Geduld! Das wird und muß
später einmal anders werden, wenn Sie verheirathet
sind, Harry! Bis dahin lassen Sie Mrs. Leslie
nur das scheinbar geführte Regiment in den Händen.
Die Zeit wird kommen, wo sie es freiwillig nieder=
legt. Aber gar zu lange sollten Sie diesen Zeit=
punkt nicht hinausschieben, meine ich; nicht etwa,
weil ich befürchte, Ihre Stiefmutter oder gar Alice
könnten sattelfest werden, o nein, Harry! Sie sind
aber jetzt in den Jahren, wo der Mann sich einen

eigenen Herd, eine Familie gründen muß. Das
ist es ja eben, was Sie gern zu mir herführt.
Sie vermissen ein geliebtes, anschmiegendes, fein=
fühlendes weibliches Wesen in Ihren vier Pfählen,
ein behagliches chez soi, und gerade Sie sind der
Mann, das anzuerkennen und zu würdigen.“

„Glauben Sie?“ war die etwas sarkastische
Antwort, indem er sich wieder in den altväterischen
Lehnstuhl des Doktors warf und seine klaren Augen
forschend in diejenigen der Freundin senkte. „Wissen
Sie, Mrs. Bodenhausen, daß ich beabsichtige, eine
sogenannte Vernunftehe einzugehen?“ Die alte
Dame schüttelte ungläubig den Kopf; er aber fuhr
ernst, fast traurig fort: „Ich bin nicht mehr frei.
Ihnen vertraue ich dies an. Ein vor vielen Jahren
gegebenes Versprechen bindet mich — an — well,
an ein Mädchen, von dem ich genau weiß, daß sie
mich nicht liebt und nie lieben wird. Nur der Ver=
stand, die Pflicht wird zwischen uns sprechen, nicht
das Herz. Nun, wie denken Sie sich eine solche
Ehe? Kann darin jemals eine Harmonie, kann da
wohl Glück bestehen?“

Mrs. Bodenhausen hatte ihm stumm und in
unsagbarer Ueberraschung zugehört. Die kluge Frau
that auch nicht eine einzige Frage. Aber Alles, was
ihr in seinem Leben bisher unverständlich gewesen

wurde mit einem Male ihr sonnenklar. Wer das
Mädchen war, an welches ein Wort ihn band, wußte
sie sofort, da sie oft genug von Richard Arnold
und seiner innigen Freundschaft zu diesem erzählen
gehört. Indeß sie wußte auch, daß, trotz Harry's
angenommener Kälte und anscheinender Gleichgültig=
keit, dessen Herz schon recht bedenklich gesprochen
hatte, und obgleich es ihr schwer wurde, ihre durch
diese Entdeckung hervorgerufene Freude zu verbergen,
antwortete sie ihm doch ruhig und ernst, nur daß
dabei ein feines, kaum merkliches Lächeln um die
Mundwinkel zuckte:

„Sie stellen mir da eine recht sonderbare Frage,
Harry! Jedoch will ich Ihnen offen antworten.
Ich halte es für sehr gewagt, für — ich möchte
beinahe sagen — für ein Hazardspiel, eine Ehe
einzugehen, wo nicht Liebe die Grundlage bildet.
Sehr viele Menschen mögen anders denken oder gar
behaupten, für die heutige Zeit sei dies eine über=
spannte Ansicht. Wenn Sie es daher mit Ihrem
Gewissen irgend vereinbaren, sich auf irgend eine
Weise mit der betreffenden Dame arrangiren können,
unter solchen Verhältnissen, wie Sie mir eben sagten"
— Mrs. Bodenhausens Worte klangen mehr und
mehr ironisch und das Lächeln wurde immer be=
merkbarer — „heirathen Sie lieber nicht, Harry!"

„Arrangiren?!" Er war aufgesprungen und
schaute in maßlosem Erstaunen zu ihr hinüber.
„Frau Doktorin, Sie scherzen wohl? Meinen Sie
damit, man könne an einem gegebenen Mannesworte
auch nur im Mindesten klügeln und rechten? Sie
sehen also in mir nicht Denjenigen, der es halten,
bis an sein Lebensende halten wird, sei es auch,
daß es ihm jede Anwartschaft auf Glück kosten
sollte?"

Die alte Dame hatte sich gleichfalls erhoben.
Nun legte sie die Hand auf seinen Arm. Der
schalkhafte Zug um den Mund war ganz ver=
schwunden und die dunklen lebhaften Augen blickten
ernst, aber mit mütterlicher Zärtlichkeit in sein er=
regtes Angesicht, während sie sprach:

„Allerdings scherzte ich, Harry, weil ich nicht
ahnen konnte, daß diese Angelegenheit Ihnen so tief
ernst, von solcher Bedeutung ist. Verzeihen Sie
mir daher meine letzten Worte. Sie sind ein so
offener, jeder Verstellung barer Charakter, daß diese
Minute mir viel gezeigt und enthüllt hat. Jetzt
bin ich ganz beruhigt, weil ich ja weiß, es wird
Ihnen nicht allzu schwer werden, nicht Ihr Lebens=
glück kosten, Ihr Wort zu halten!"

Mr. Leslie's Gesicht hatte sich einen Moment
dunkelroth gefärbt, und es schien fast, als sei die

8*

von seiner alten Freundin gemachte Entdeckung ihm
am meisten überraschend, als hätte bisher vor seines
Herzens innerstem Schreine ein dichter undurchdring=
licher Schleier gelegen, den zu lüften er selbst nie
den Muth gehabt. Dieser Schleier war plötzlich
zerrissen. Jetzt, in diesem Augenblicke dünkte ihm
das oft drückende, ihm so nichtig erscheinende Wort,
welches er, gleich einer lästigen Fessel sechs Jahre
mit sich herumgetragen hatte, wie ein süßes unsicht=
bares Band, wie die ahnungsvolle Verheißung des
größten irdischen Glückes.

Eine laute Stimme auf dem Vorsaale riß ihn
aus dieser Traumwelt in die Wirklichkeit zurück,
und auch Mrs. Bobenhausen machte dem peinlich
werdenden Schweigen damit ein Ende, indem
sie sagte:

„Das ist der Doktor, und wenn ich nicht irre,
höre ich auch Fräulein Arnolds Stimme, welche mir
für heute ihren Besuch versprochen.“

„Hier bringe ich Dir einen Gast, Nellie!“ rief
Doktor Bobenhausen seiner Frau heiter entgegen,
die das junge Mädchen sogleich herzlich begrüßte.
„Ich fand meine Landsmännin mutterseelenallein zu
Hause und wie es mir scheinen wollte, in einer recht
trüben Stimmung, was wohl gerade heute kein
Wunder ist. Daher nahm ich sie mit mir. Mrs.

Leslie war zu irgend einem Meeting gegangen, Alice soll irgendwo in Gesellschaft sein und sogar Harry war fort."

„Derselbe befindet sich schon eine ziemliche Weile in Ihrem Hause, bester Doktor!" sagte Mr. Leslie, nun aus dem dämmerigen Zimmer hervortretend. Er reichte dem alten Herrn lächelnd die Hand; aber in der Begrüßung seines Mündels lag heute eine, dem formengewandten jungen Amerikaner so un= ähnliche, beinahe linkische Verlegenheit, daß Doktor Bodenhausen überrascht zu ihm aufsah.

„Das ist ja charmant, Harry! Ich dachte schon, Sie wüßten den Weg zu ihren alten Freunden gar nicht mehr zu finden. Na, das soll ein gemüthlicher Abend werden!" rief er, vergnügt sich die Hände reibend. „Ich habe mir längst gewünscht, Sie und Fräulein Arnold einmal ungestört bei uns sehen zu können."

Maria stand an einem Bücherpulte und schien mit großem Interesse die Titel der medizinischen Werke zu studiren. Die Anwesenheit ihres Vor= mundes machte auch sie befangen. Erst als Doktor Bodenhausen fragte, ob Fräulein Werner auf dem Steamer eine gute Kajüte erhalten hätte, wendete sie sich und erwiderte schnell:

„Ja, eine der besten. Tante Clara läßt noch

vielmals grüßen. Sie hat mir aufgetragen, Ihnen innigen Dank auszurichten für alle die Freundlichkeiten, die sie in Ihrem Hause genossen, und daß sie in der Heimat noch lange daran denken würde."

Sie sprach völlig ruhig und unbefangen. Nur Mr. Leslie's scharfes Auge bemerkte, wie ihre Lippen bei dem Worte „Heimat" leise bebten. Daher konnte er es nicht unterlassen, ein klein wenig ironisch zu sagen:

„Fräulein Arnold wäre heute, wie es mir schien, am liebsten selbst gern mitzurückgereist; sie sah wenigstens dem abfahrenden Steamer recht trostlos nach. Unser schönes Land erfreut sich ihrerseits noch keiner großen Sympathien."

„Es gereicht Ihnen wohl zur besonderen Freude, mich immer aufs Neue wieder daran zu erinnern, daß mein Aufenthalt hier kein freiwilliger ist?" erwiderte das junge Mädchen, einen zornigen Blick nach ihm hinüberwerfend. „Ich gestehe zu, meine Stimmung war heute Morgen eine ganz verzweifelte; doch das ist nun vorüber. Fräulein Werner ist ja das einzige Wesen auf Erden, für welches mein Herz warm empfindet; sie ist fort, und so werden Sie in Zukunft nie mehr Gelegenheit haben, sich über meine Gefühle lustig zu machen, Mr. Leslie!"

Eine finstere Falte trat bei ihren Worten scharf
auf seiner Stirn hervor.

„Sie wollen sich also à tout prix mit mir auf
einen feindseligen Fuß stellen, Maria?" sagte er mit
einem Tone, dem man die unterdrückte Heftigkeit
deutlich anmerkte. „Ich habe bei Ihnen an die
Vergangenheit, an Ihr Herz und schließlich an meine
Beziehungen zu dem Kinde Richard Arnolds appellirt.
Vergebens! Ich wurde stets schroff zurückgewiesen.
Nur von meinem Rechte, welches die Stellung als
Ihr Vormund mir über Sie einräumt, schwieg ich
bisher. Sie zwingen mich aber jetzt, dasselbe in
Anspruch zu nehmen, und so verlange ich, bitte ich
Sie, Ihre Abneigung gegen mich wenigstens so weit
zu überwinden, sich so weit zu mäßigen, um der
Welt gegenüber die Dehors zu wahren und nicht
Anlaß zu für beide Theile unangenehmen Scenen
zu geben!"

Mrs. Bodenhausen hatte bald nach der Ankunft
ihrer Gäste betreffs einiger häuslicher Anordnungen
das Zimmer verlassen. Nur der Doktor stand an
seinem Schreibtische und blätterte in der Abend=
zeitung. Ab und zu jedoch flog ein forschender Blick
nach dem jungen Paare hinüber.

„Es ist also besser, wir gehen in Frieden
neben einander her, Maria!" fuhr Mr. Leslie

ruhiger und freundlicher fort. „Vielleicht lernen
Sie es, mit der Zeit milder von mir zu denken und
gelangen einmal zu der Ueberzeugung, daß —"
seine Stimme begann etwas zu zittern — „daß
Ihr Vormund es gut und aufrichtig mit Ihnen meint."

Die großen braunen Mädchenaugen waren
während der Zeit, wo er sprach, gesenkt gewesen;
nur an dem auf- und niederwogenden Busen gewahrte man ihre leidenschaftliche Erregung. Bei
seinen letzten Worten schlug Maria dieselben zu ihm
auf und erwiderte vielleicht zwei oder drei Sekunden
seinen vollen Blick. Dann wandte sie sich halb von
ihm ab, nicht beleidigt oder im Zorne, nein, gleich
einem besiegten Gegner streckte sie die Waffen und
sagte mit einer wahrhaft rührenden, tief schmerzlich
klingenden Stimme, während Thränen über die
rosigen Wangen perlten, so daß es fast aussah, als
wolle sie sich wirklich dem Schutze des großen kraft-
vollen Mannes anvertrauen:

„Sie müssen Geduld haben mit mir, Mr. Leslie!
Ich bin ja eine vater- und mutterlose Waise, und
ließen die Verhältnisse meinen Charakter schroffer
und selbstständiger sich entwickeln, als es für ein
Mädchen, das an verschiedene Lebenslagen sich ge-
wöhnen muß, gut ist. Sie werden in Zukunft nie
mehr über mich zu klagen haben!"

Darauf schritt sie mit der ihr angeborenen stolzen Haltung zu Bodenhausen und knüpfte alsbald eine völlig unbefangene, gleichgültige Unterhaltung mit diesem an. Nach wenigen Minuten erschien auch die alte Dame wieder, gefolgt von einem farbigen Diener, welcher den für Amerika im Sommer so beliebten Eisthee herumreichte. Die Unterhaltung bewegte sich von nun an in einem ruhigeren Fahrwasser, das heißt, Maria sprach fast gar nicht mehr und Mr. Leslie hörte nur zerstreut auf das muntere Geplauder des Doktors. Als nach ungefähr einer Stunde die beiden Damen sich in den danebenliegenden Salon begeben hatten, fragte der alte Herr plötzlich seinen Gast:

„Sagen Sie mir, Harry, ist es wirklich wahr, daß Sie eine Yacht gekauft haben? Ich hörte dies heute zufällig von Mr. Harper."

Mr. Leslie lachte und erwiderte heiter:

„Yes, Doktor! Und ich lade Sie zu der Probefahrt mit derselben ein. Wir wollen einmal damit einige Meilen in den Ocean hinausfahren. Momentan lasse ich das ganze niedliche Ding neu auftakeln. Kapitän Wilson, dem ich die Führung anvertraut habe, sowie noch andere Leute vom Fach, erklären die Yacht für gut und seetüchtig."

„Nun, das ist jedenfalls eine wichtige Begeben=

heit für Ihre Damen. Denn ich erinnere mich doch,
von stiefmütterlicher Seite her schon ziemlich bemerk=
bare Winke betreffs einer solchen beobachtet zu haben.
Hoffentlich wird diese — freilich auch nur einem
Millionär mögliche — Generosität gebührend an=
erkannt. Hätte dabei sein mögen, wie die Ueber=
raschung ans Tageslicht kam.“

„Bis jetzt weiß nur Alice darum. Ich erzählte
es ihr heute Vormittag. Natürlich brach sie in einen
— ihr so ähnlichen — überschwänglichen Jubel aus.
Mein Mündel will ich erst damit überraschen, wenn
wir auf die Cottage nach Staten Island hinüber=
gehen,“ setzte Mr. Leslie zögernd hinzu.

„So, so, also überraschen!“ meinte der Doktor
schlau lächelnd. „Je comprends.“

„Nonsens!“ Was wollen Sie damit verstehen
und sagen?“ rief der junge Amerikaner beinahe
ärgerlich. „Ich habe mir die Yacht blos zu meinem
Vergnügen gekauft und nicht einen einzigen Hinter=
gedanken dabei gehabt! Verstehen Sie das auch,
Doktor?“

„O gewiß, Harry! Ich weiß ja längst, daß
Sie der größte, herzloseste Egoist sind, den man sich
denken kann,“ erwiderte dieser, sein kluges, gut=
müthiges Gesicht in ernsthafte Falten ziehend. Hinter
der goldenen Brille jedoch blitzte der Schalk nach

seinem Gaste hinüber. „Wer spricht auch gleich
von Hintergedanken! Es ist ja so natürlich, daß
Sie Ihrem Mündel einmal eine Ueberraschung be=
reiten wollen. Das arme Ding hat ja ohnedies
blutwenig Freude hier. Meinen Sie etwa, daß es
für ein junges Mädchen leicht ist, Mrs. Leslie und
Alice gegenüber immer Contenance zu behalten? Es
ist bewundernswerth, wie sie den Verhältnissen sich
anpaßt, wie sie es versteht, trotz ihres leidenschaft=
lichen Naturels, dem oft gar zu gestrengen Herrn
Vormunde, welcher ab und zu den Mentor spielt,
nach Wunsche zu leben. So eine Vormundschaft
mag gar nicht leicht sein, und ich bin weit davon
entfernt, Ihnen gute Lehre geben zu wollen; ich
wüßte bei Gott nicht, wie ich selbst so einem reizen=
den Mündel vis-à-vis mich benehmen sollte, aber
ich meine, man muß die Saiten nicht zu straff
spannen. Mrs. Henningtons Launen und Extra=
vaganzen ertragen Sie mit einer wahren Märtyrer=
gedulb, während hier —“ er kniff ein Auge zu und
blickte nach der Stelle hin, wo vorhin das erregte
junge Paar gestanden hatte — „bei der geringsten
Gelegenheit das Töpfchen überkocht, wie man bei
uns zu Hause sagt.“

Es war nicht sehr hell im Zimmer. Denn die
große Lampe, welche auf des Doktors Schreibtische

brannte, bedeckte ein grüner Schirm, und dennoch gewahrte der alte Herr den schnellen Farbenwechsel im Angesichte des Gastes. Wie innerlich befriedigt, nickte er daher einige Male mit dem grauen Kopfe und sagte schnell, diesem Gespräche dadurch eine andere Wendung gebend.

„A propos, Harry! Wie steht denn die bewußte Sache mit Alice? Hat sie Ihnen den Besuch in dem Pfandladen eingestanden? Nicht wahr, sie befand sich in Geldverlegenheit?"

„Ich weiß bis jetzt noch gar nichts darüber, liebster Doktor! weil ich seit jenem Abende nicht mehr an diese Geschichte gedacht habe," erwiderte Mr. Leslie sich erhebend. „Das erscheint Ihnen wohl wunderbar, wie? Well, ich bin grade in der letzten Zeit recht in Anspruch genommen gewesen und — nun, Sie wissen ja, ich hasse alle Scenen; darum verschob ich es immer, mit Alice darüber zu sprechen. Aber, da Sie mich eben wieder daran erinnern, so bitte ich Sie zugleich, mir doch die Adresse des Diamantenhändlers noch einmal zu geben. Ich werde morgen bestimmt zu diesem hingehen, das ist, denke ich, das Beste?"

Mr. Bodenhausen riß ein Blatt aus seinem Notizbuche und schrieb das Gewünschte darauf.

Alsdann erhob auch er sich, und beide Herren traten in das Zimmer der Doktorin.

„Ich möchte zum Aufbruch mahnen, Maria!" sagte Mr. Leslie, sich an diese wendend, ruhig und unbefangen, als seien die letzten herben Worte nie gesprochen worden. Seine Blicke ruhten dabei freund= lich mit fast väterlichem Wohlwollen auf dem ideal= schönen Mädchenantlitze. „Es ist wirklich schon zehn Uhr geworden und könnte meine Stiefmutter Ihret= wegen etwas in Unruhe sein. Soll ich Ihnen ein Cab holen lassen, oder wollen Sie sich meiner Führung anvertrauen? Ich denke, eine Promenade in der lauen Frühlingsluft wird uns Beiden gut thun."

„Ich bin gut zu Fuß, Mr. Leslie!" ent= gegnete Maria schnell, doch etwas befangen. Der Gedanke, allein mit ihm eine ziemlich weite Strecke zu gehen, ließ ein bängliches Gefühl in ihr auf= steigen.

„Das ist mir lieb. Ich sehe, Sie sind nicht so verwöhnt, wie Alice. Diese würde mich, glaube ich, für verrückt halten, wenn ich ihr zumuthete, per pedes nach Hause zu gehen." Nach diesen Worten schüttelte er den Freunden herzlich die Hände und trat, wenige Minuten später an seines Mündels Seite den Heimweg an.

Während Doktor Bodenhausen mit seiner Frau von der Treppe vor dem Hause den Gästen nach= blickten, sagte erstere lebhaft:

„Ich wünschte sehnlichst, die Sache wäre schon richtig!"

„Du glaubst also wirklich? Ja, Harry ist total verändert: aber Maria?" kam es zögernd über der alten Dame Lippen, indem sie forschend in das Ge= sicht des Gatten schaute.

„Denke an mich, Nellie! Ich traue mir etwas Menschenkenntniß zu. Wenn Alice oder Mrs. Leslie nicht noch irgend einen schändlichen Streich spielen, so geht mein Lieblingswunsch, Harry bald glücklich verheirathet zu sehen, nächstens in Erfüllung."

„Gott gebe es!" erwiderte die Doktorin seufzend und schloß dann die Hausthüre.

— — — — — — — — —

Ehe Mr. Leslie am andern Morgen nach seiner Office fuhr, trat er zuvor in das Diamanten= und Schmuckgeschäft des Herrn Moses Goldstein am Broadway. Ein kleiner alter und sehr korpulenter Herr mit dünnen, aber tadellos frisirten Locken und peinlich eleganter Toilette kam ihm einige Schritte, nach seinen Wünschen fragend, entgegen. Der ziem= lich frühen Stunde wegen war der Laden leer.

„Sind Sie Mr. Goldstein selbst?" fragte der junge Amerikaner in deutscher Sprache.

„Zu dienen. Was verschafft mir die große Ehre, zu sehen Mr. Leslie in meinem Geschäfte?"

„Sie kennen mich?" war die nicht ohne Ueberraschung gegebene Antwort.

„Wer wird nicht kennen Mr. Leslie?" versetzte der alte Mann, sich stolz emporrichtend. „Habe ich schon gehabt das Vergnügen, zu kennen Ihren Herrn Vater."

„Well, ich wünsche nur eine Auskunft von Ihnen, Mr. Goldstein! Natürlich sind Sie ein Mann von der allergrößten Verschwiegenheit. Worüber ich Sie heute indeß befragen möchte, das betrifft ganz allein nur meine Familie."

Der Diamantenhändler kniff die kleinen dunklen Aeuglein ein wenig zusammen und sah scharf nach dem großen schönen Manne hinüber. Dann sagte er höflich, doch etwas lauernd:

„Mr. Leslie hat ganz über mich zu bestimmen."

„Ich werde mich also kurz fassen. Meine Stiefschwester, Mrs. Hennington war vor einigen Wochen bei Ihnen und ich möchte wissen, welche Absichten sie mit diesem Besuche verband, welchen Grund sie hatte, zu Ihnen zu kommen?"

Wieder schossen die kleinen Augen einen miß=
trauischen Blick nach Mr. Leslie hinüber.

„Den Ladies, welche mich beehren mit ihrem
Besuche, bin ich schuldig Diskretion," sagte zögernd
der alte Mann. „Gott der Gerechte! Man weiß
ja auch, wie das so geht in der fashionablen Welt.
Da wird viel, sehr viel gebraucht und ausgegeben.
Durch meine Hand ist vielleicht schon manches Un=
glück verhütet, manche Familienehre gerettet, viel
Streit und Aerger verhütet worden. Stets . . ."

„Sie werden mich doch nicht glauben machen
wollen, daß meine Schwester in einer Geldangelegen=
heit zu Ihnen kam, um — Geld zu leihen!" fuhr
Mr. Leslie heftig auf. „Wie ist die Sache? Jetzt
sprechen Sie einmal deutlich, war Mrs. Hennington
bei Ihnen oder nicht?"

„Ich weiß wirklich nicht genau, mein Gedächt=
niß ist schwach, es kommen zu mir so viele Damen,
daß es . . ."

„Zum Teufel mit Ihren Ausflüchten! Sie
wollen mir nicht antworten, wie ich sehe!" unter=
brach der Amerikaner zornig die Rede des gewandten
Juden und trat ihm drohend einige Schritte näher.
„Mr. Goldstein, ich bin nicht der Mann, mir ein
X für ein U machen zu lassen, Sie sagen mir jetzt
hier auf der Stelle die volle Wahrheit, oder ich lasse

Ihnen polizeilich die ganze Bude zuschließen, sobald ich anzeige, zu welchen Wucherzinsen Sie Ihr
Geld ausleihen. Denn wie anders bezeichnen Sie
es, auf Diamanten, die Tausende Werth sind, kaum
einige hunderte Dollars zu borgen? Wissen Sie,
wie ich das nenne?"

„Gott meiner Väter! Ich wollte Sie nicht
beleidigen, Mr. Leslie! Sie sind ja ein Gentleman,
Sie werden einen alten Mann, einen Familienvater
nicht um sein Brot bringen! Ihre verehrte Frau
Schwester ist gewesen bei mir und ich habe ihr ge-
liehen eine — Summe — noble Summe auf ein
paar Diamanten!"

„Also doch!" flüsterte der junge Handelsherr,
einen Seufzer ausstoßend. Dann fügte er laut,
jedoch mit noch immer bebender Stimme hinzu:

„Ich danke Ihnen für diese Worte, Mr. Goldstein! Grade weil Sie Familienvater sind, so werden Sie auch begreifen können, daß die Idee, einen
meiner Angehörigen unüberlegte Schritte thun zu
sehen, mich im innersten Herzen empört. Verzeihen
Sie mir daher meine heftige Aufwallung; es thut
mir aufrichtig leid, Sie dadurch gekränkt zu haben,
besonders da die von Ihnen gemachte Mittheilung
mir unschätzbar wichtig und werth ist. Sie können
ja die Verhältnisse unmöglich richtig beurtheilen,

Mr. Goldstein! Aber wenn ich Ihnen sage, daß meine Stiefschwester ein Nadelgeld von 3000 Dollars jährlich erhält, so ist doch die Frage sehr natürlich: woher diese plötzliche Geldverlegenheit?"

Der ängstliche Ausdruck in den Zügen des kleinen Herrn war mehr und mehr gewichen. Nun schauten die listigen Augen freundlich, beinahe in Rührung zu dem jungen Amerikaner empor.

„Mr. Leslie!" sagte er feierlich, mit dem ihm eigenen Pathos, indem er dicht zu ihm herantrat und die beringte fette Hand auf dessen Arm legte:

„Sie sind ein edler charaktervoller Mann und werden sich jetzt auch überzeugen, daß Moses Gold=stein das Vertrauen, welches Sie eben ihm haben geschenkt, weiß zu schätzen. Sie sollen Alles wissen! Wenn eine junge reiche Dame Ihres Standes plötz=lich kommt in die Verlegenheit, zu versetzen ihre Steine, muß es doch haben einen besonderen Grund!"

Mr. Leslie wollte ihn unterbrechen, aber der Jude sagte bittend:

„Hören Sie mich erst zu Ende, Sir! Ihre Frau Schwester verkehrt bei — Mrs. Davis."

„Mrs. Davis?" fragte derselbe überrascht, während sein Antlitz einen solch erschrockenen Aus=druck annahm, als fürchtete er, noch weit unlieb=samere Aufklärungen zu erhalten.

„Sie scheinen, wie ich sehe, noch nichts von dieser Dame gehört zu haben," fuhr Mr. Goldstein fort. „Ich will Sie auch nicht länger spannen auf die Folter. Mrs. Davis ist ihrer Profession nach eine fashionable Modistin, bei welcher die feinen Ladies machen ihre Bestellungen. Oben in der Stadt hält sie einen eleganten Laden und von früh bis spät geht es dort aus und ein, wie in einem Tauben= schlage. Das Modisten=Geschäft ist aber nur dazu da, zu streuen den Leuten Sand in die Augen. Hinter dem Laden liegt ein großer Salon und dort ver= sammeln sich alle die feinen Ladies, um zu spielen, ich sage: zu spielen auf eine ganz erschreckend hohe Weise. Und nun wissen Sie auch, wie Mrs. Hen= nington ist gekommen in Geldverlegenheit!"

Während der alte Herr gesprochen hatte, war Mr. Leslie heftig auf und ab geschritten. Sein für gewöhnlich so ruhiges Gesicht zuckte in der größten Erregung und die grauen Augen schienen Flammen zu sprühen. Das war eine schlimme Entdeckung für den stolzen Mann. Nun war ihm mit einem Male auch Alicens oft so unstätes Wesen, ihre nervöse Unruhe erklärlich, ihre Launen und Extra= vaganzen, die er, wie Doktor Bodenhausen gesagt, mit wahrer Märtyrergeduld ertrug. Die kräftige Hand ballte sich zornig zusammen. Plötzlich jedoch

9*

flog es, einem hellen Schimmer gleich, über die noch
eben finstern Züge. Vor dem Juden stehen bleibend,
fragte er rasch:

„Haben Sie meiner Schwester, irgend ein Papier
über die empfangenen Diamanten gegeben?"

„O gewiß!" erwiderte Mr. Goldstein, erstaunt
aufblickend. „In meinem Geschäft geht Alles sehr
pünktlich seinen richtigen Gang. Hier sehen Sie,
Mr. Leslie!" er trat an seinen Geldschrank und
entnahm demselben ein Packet länglicher Zettel.
„Einen solchen Schein hat Mrs. Hennington von
mir in Empfang genommen."

„Well, ich wollte Sie nur deshalb fragen, weil
ich den Schmuck gern sofort eingelöst hätte. Das
geht nun aber nicht. Sie werden es nicht übel
nehmen; indeß ich möchte meiner Schwester einen
zweiten Gang hierher gern ersparen. Ich komme
in den nächsten Tagen wieder zu Ihnen und hole
die Diamanten, Mr. Goldstein!"

„Ganz wie es Ihnen beliebt, Sir!" war die
verbindliche Antwort. Allein der alte Händler schaute
dabei fast wehmüthig in das dunkelgeröthete An=
gesicht seines Gegenübers. Er kannte die Verhält=
nisse des Leslie'schen Hauses immerhin so weit, um
aus den heutigen Beobachtungen zu schließen: Mrs.
Hennington, die blendend schöne Frau stände dem

Herzen des jungen Handelsherrn viel näher, als
es wohl sonst zwischen Stiefgeschwistern der Fall zu
sein pflegt; und eben darum hatte er sich, ganz
gegen seine Gewohnheit, hinreißen lassen, Mr. Leslie
in die Geheimnisse seines Geschäftes einzuweihen.
Während letzterer jetzt nach seinem Hute langte,
sagte er mit tiefer Verbeugung:

„Es ist mir gewesen eine hohe Ehre, zu er=
weisen Mr. Leslie einen kleinen Dienst, wie zu
machen seine persönliche Bekanntschaft. Ich habe
gefunden, daß er ist vom Scheitel bis zur Sohle
ein Gentleman!"

Ueber das bisher finstere Gesicht glitt momentan
ein leises Lächeln. Dann reichte er mit der ihm
eigenthümlichen vornehmen Leutseligkeit dem alten
Manne die Hand und erwiderte freundlich:

„Ich danke Ihnen nochmals, Mr. Goldstein!
Wenn ich je in die Lage kommen sollte, Ihnen
einen Gegendienst erweisen zu können, so wird es
mit der größten Bereitwilligkeit geschehen!"

Hierauf entfernte er sich ernst und ruhig, wie
er gekommen war.

Siebentes Kapitel.

Einige Tage später — an einem Sonntage — saßen Maria und Alice unter der großen Kastanie im Garten. Beide trugen leichte Sommertoiletten, denn es war sehr warm. Selbst der schärfste Kritiker hätte hier wohl eingestehen müssen, daß zwei vollendet schönere Wesen in dem an reizenden Frauen so reichen Amerika schwer gefunden werden konnten.

Sie beschäftigten sich damit, verschiedene große Photographien, die in einer eleganten Mappe lagen, mit prüfenden Blicken zu betrachten und auszu- wählen. Maria hatte den großen Strohhut etwas in den Nacken geschoben und blickte im Momente mit erstaunter Miene nach Alice hinüber, welche, in ihrer Lieblingsstellung halb liegend, boshaft in das Gesicht des jungen Mädchens schaute.

„Ja gewiß, liebes Kind, Sie können es mir schon glauben: Harry wird Ihr Bild natürlich am

Schönsten und Effektvollsten finden. Es paßt auch
so wunderbar gut zum 4. Juli. Wer kam denn
eigentlich zuerst auf den famosen Gedanken, die
Columbia darzustellen?"

„Es war ja Mr. Gerhardt," entgegnete die
junge Deutsche lächelnd. „Weshalb möchten Sie
denn nicht lieber dieses Bild für sich wählen, Alice?
Mir selbst ist es wirklich ganz gleich."

Die junge Frau lachte laut auf.

„Nonsens, darling! Dazu passe ich nicht.
Dazu gehören Ihre riesenhaften dunklen Augen,
wie Ihre wahrhaft klassischen Körperformen. Ja,
ja, jetzt besinne ich mich auch; es war der hübsche
deutsche Maler, mit dem wir neulich bei Adams
wieder zusammentrafen. Wissen Sie, wir wollen
ihn bitten, die ganze Aufführung zu leiten. Wenn
er die Sache in die Hand nimmt, dann können wir
sicher sein, das etwas Ordentliches daraus wird,
und das möchte ich so gern."

„Und Mr. Gerhardt wird es glücklich machen,
Ihnen eine Bitte erfüllen zu können, Alice!" sagte
Maria schelmisch.

„Wirklich, meinen Sie?" warf Mrs. Hennington
spöttisch hin. „Ich kann Sie jedoch versichern, daß
mir wirklich sehr wenig an den schmachtenden Blicken
Ihres Landsmannes gelegen ist." Und als ob sie

dem Gespräche eine andere Wendung zu geben wünschte, fügte sie schnell hinzu: „Wir werden Harry keine Details von unseren Bildern erzählen. Ich möchte ihn gern überraschen, weil . . .“ Doch plötzlich stockte sie und deutete nach dem Hause. „Dort kommt die Mutter. Mein Gott, und sie macht ein so ernsthaftes Gesicht! Was giebt es nur wieder? — Packen Sie rasch die Bildermappe zusammen, Maria, und nehmen Sie sogleich eine Handarbeit! — So, jetzt sitzen wir ganz sittsam und tugendhaft beisammen.“

Mrs. Leslie kam langsam den breiten Kies= weg entlang geschritten. In dem Trauerhute und dem fast bis zum Saume des Kleides reichenden Kreppschleier sah sie heute noch düsterer, aber auch, wenn möglich, noch stattlicher aus, als sonst.

Maria erhob sich, erhielt indeß nur einen sehr kühlen Gruß, während Alice von der Mutter freund= lich auf die Stirn geküßt wurde. Doch bedeutete diese sie vorwurfsvoll mit den Worten:

„Du bist heute gar nicht in der Kirche ge= wesen, darling! Das ist nicht recht. Diese Bilder= aufführung scheint Dich wirklich so sehr in Anspruch zu nehmen, daß Du darüber fast Deine Pflichten vergißt!“

„Ach, beste Mama, sei nicht böse!“ erwiderte

Alice demüthig und schlug dabei bittend die schönen
Augen auf. „Du selbst bist ja so fromm und vor=
trefflich! Davon fällt schon etwas für mich armes
sündiges Menschenkind ab. Ich dachte, da Maria
nicht zur Kirche fuhr, so . . .“

„Ja freilich, böse Beispiele verderben gute
Sitten, sagt schon das alte Sprichwort,“ unterbrach
Mrs. Leslie, mit einem feindlichen Blicke auf Maria,
ihre Tochter. „Natürlich kann ich Ihnen als unserem
Gaste keine Vorschriften machen, Fräulein Arnold!
Aber ich wünsche wenigstens, daß Sie, so lange Sie
noch in meinem Hause weilen, gegen die Regeln
des Anstands nicht verstoßen. Ich möchte den tabel=
los guten Ruf unserer Familie auch nicht durch die
kleinste Unvorsichtigkeit leiden sehen.“

„Ihre Worte sind mir völlig unverständlich,
Mrs. Leslie!“ versetzte die junge Deutsche ruhig;
nur in den dunklen Augen loderte es dabei zornig
auf. „Wollen Sie so gütig sein, deutlicher mir zu
sagen, was ich Unpassendes gethan haben soll?“

„Durch Zufall erfuhr ich heute Morgen, daß
Sie vorgestern Abend zu sehr später Stunde in
Begleitung meines Sohnes zu Fuße nach Hause
gekommen sind. Halten Sie das vielleicht für
passend?“

Maria wurde blutroth, und auch Alicens Wangen färbten sich höher.

„Mein Vormund hatte mir seine Begleitung bei Doktor Bodenhausen angeboten. Er mußte also doch nichts Unschickliches darin finden.“

„O gewiß, und Sie auch nicht!“ rief Mrs. Leslie mit beleidigendem Spotte. „Männer lassen sich durch ein hübsches Gesicht leicht zu unüberlegten Schritten hinreißen. Sie finden es wohl sehr schmeichelhaft, daß Mr. Leslie neben seiner Rolle als Vormund auch noch den galanten Kavalier spielt? Und besonders, da er neulich so offen Partei für Sie genommen hat.“

Alicens intensiv blaue Augen bekamen plötzlich einen beinahe grünlichen Schimmer, als sie fragte:

„Partei genommen — bei welcher Gelegenheit denn?“

„Harry wünscht diese Sache todtgeschwiegen,“ war Mrs. Leslie's achselzuckend gegebene Antwort. „Ich darf Dir darüber keine Aufklärungen geben, darling.“

„Das ist ja wunderbar! Und Sie auch nicht, Maria?“ fragte Mrs. Hennington, auf jene durch= bohrende Blicke richtend.

Noch immer sprachlos stand das junge Mädchen hinter der Lehne ihres Sessels. Ihr Gemüth war

zu kindlich, ihr Herz zu rein, als daß sie sofort
das ganze Raffinement von Mrs. Leslie's Beschuldi=
gungen hätte ermessen können; nur unbewußt und
undeutlich fühlte sie, daß es jetzt nöthig sei, sich zu
rechtfertigen. Was sollte Alice, die Mr. Leslie
doch nun so nahe stand, von diesen Andeutungen
denken? Noch zauderte sie; als indeß Thränen,
heiße Thränen des Zornes und der Scham in den
schönen Augen aufstiegen, da sagte sie schnell, ohne
lange Ueberlegung:

„O ja, Mrs. Hennington, ich werde Ihnen
antworten. Ihre Mutter hatte vom Fenster aus
mit angesehen, wie ich am Morgen nach meiner
Ankunft hier im Garten einen weißen Zettel fand
und an mich nahm; und weil Mr. Leslie zur selben
Zeit ein Werthpapier verloren gegangen ist, so bin
ich von ihr beschuldigt worden, dasselbe unterschlagen
zu haben!“

Bei Maria's ersten Worten war jegliche Farbe
aus dem Angesichte der jungen Frau gewichen;
allein als diese zu Ende gesprochen hatte, athmete
sie, wie von einer Angst befreit, tief auf und begann
dann laut und fröhlich zu lachen, indem sie rief:

„Und darüber alteriren Sie sich dermaßen?
Mein Himmel, dieses Mißverständniß wird sich

schon einmal aufklären. Die Mutter sieht immer gleich Gespenster, das kenne ich schon!"

Darauf sprang sie empor und es schien, als wolle sie den Garten verlassen, aber mit einem mühsam unterdrückten Schrei fuhr sie wieder zurück. Hinter dem dicken Stamme der alten Kastanie trat hervor — Mr. Leslie. Auf den ersten Blick mußte Alice, daß er schon eine Weile hier gestanden, den letzten Theil der Unterhaltung mit angehört haben müsse. Denn sein Gesichtsausdruck erschien ihr un= heilverkündend, und seine Augen sahen nur auf Maria. Auch die Hand und die freundliche Be= grüßung seiner Stiefmutter, welche der peinlichen Pause ein Ende zu machen wünschte, wollte er nicht bemerken. Seinem Mündel sich nähernd, sagte er laut und ungewöhnlich erregt:

„Ihrer eigenen Beruhigung wegen, Maria — denn jeder Mensch mit nur einem Funken nobler Denkungsart mußte die Idee wegen des Depositen= Scheines für Wahnsinn halten, wenn nicht gar ganz anders bezeichnen — kann ich Sie versichern, daß ich jetzt genau über jenen unseligen Zettel, welchen Sie im Garten fanden, orientirt bin!"

„Also hast Du Dein Werthpapier wiederge= funden, Harry?" rief Alice in einem unnatürlich hohen Tone.

„Das nicht!" entgegnete er, die junge schuld=
bewußte Frau fest und streng anschaueub. „Aber
ich weiß jetzt, was für einen Schein Fräulein Arnold
gefunden hat, und ich muß Dich ersuchen, mir das
Papier später auszuhändigen!"

Alicens reizendes Gesicht überzog sich mit
tödtlicher Blässe und auch Mrs. Leslie schien höchst
unangenehme Auseinandersetzungen zu befürchten,
weil die Verwirrung ihrer Tochter zu auffallend
war. Daher erhob sie sich und sagte gereizt:

„Ich bedaure, daß der Friede und das gute
Einvernehmen unseres Hauses seit einiger Zeit ge=
stört ist, Harry! Ungern thue ich es, Dich daran
zu erinnern, wie sehr Dein Vater gewünscht hat,
mir und meinem Kinde eine ruhige Heimat darin
zu geben. Du beleidigst mich jetzt aber immer so
sichtlich und — kurz, daß ich denken muß, unser
Aufenthalt hier scheint Dir unbequem zu werden!"

Das waren scharfe Worte; wenigstens hatte
Mrs. Leslie sich bisher noch niemals so weit hin=
reißen lassen, ihrem Stiefsohne in solcher Weise
gegenüber zu treten. Nun jedoch hielt sie es für
angemessen, ihn auf die Rechte, welche sie in seinem
Hause besaß, aufmerksam zu machen.

Merkwürdig war es, daß Mr. Leslie dabei
ganz ruhig blieb. Ein überlegenes Lächeln spielte

sogar um seine Lippen, indem er, die großen klugen Augen voll auf Maria richtend, entgegnete:

„Ich sehe ein, daß es nöthig ist, Dir nun endlich einige Aufklärungen zu geben, Mutter! Bis jetzt hielt ich das für überflüssig. Offenbar wird es aber für beide Theile besser sein, wenn wir uns verständigen. Darf ich Dich heute Abend um eine Unterredung bitten?"

Stumm und überrascht blickte sie in das un= durchdringlich verschlossene Angesicht des Stiefsohnes. Dies war wohl wieder einmal einer jener Momente, wo die stolze herrschsüchtige Frau fühlen mochte, daß die Zügel der Regierung doch nicht so ganz sicher in ihren Händen ruhten. Ein beinahe ängst= licher Zug lag um den festgeschlossenen Mund; doch bald richtete sie sich stolz auf und sagte:

„Heute paßt es mir nicht; denn ich will Nach= mittags Besuche machen. Doch morgen nach dem Frühstück stehe ich zur Verfügung. Deine Mit= theilungen werden diesen Aufschub wohl erleiden können," setzte sie verächtlich lächelnd hinzu und stieß dabei den leichten Gartenstuhl, auf welchem sie eben gesessen, mit Heftigkeit zurück.

„Well, also dann morgen!" war seine höfliche Antwort. Sich artig verbeugend schritt er nach dem Hause zurück.

Auch die Damen entfernten sich schweigend.
Mrs. Leslie war zu sehr mit ihren eigenen Ge=
danken beschäftigt. Aber Maria gewahrte die furcht=
bare Verwirrung in den Zügen der jungen Frau,
als diese geisterbleich den Garten verließ. Bald
darauf lag das schöne Weib schluchzend und wie
gebrochen, das Gesicht in die Kissen des Divans
vergraben, in ihrem Zimmer.

„Alles, Alles ist vorbei!" rief sie leidenschaftlich.
„Wie soll ich Harry je wieder gegenübertreten?
Geliebt hat er mich niemals, aber nun — verachtet
er mich!" Sie ballte die zarten Hände. „O
wie hasse ich Dich, Maria! Du scheinheilige
Kokette mit den empörend schönen Kinderaugen.
Dich liebt er, Dich hat er geliebt von der ersten
Stunde an! Und um Dich zu rechtfertigen, hat er
mir soeben diesen tödtlichen Streich versetzt. Allein
Du bist noch weit vom Ziele, Maria Arnold!
Wenn Alice Hennington ihn nicht besitzen kann, so
sollst Du es auch nicht! Das wird meine Rache sein!"

Aufspringend trat sie vor den hohen Spiegel,
welcher die blendend schöne Gestalt mit allen ihren
verführerischen Reizen voll zurückstrahlte. Nur die
blauen Augen funkelten unheimlich, als sie ausrief:

„Hüte Dich, Maria! Nun beginnt der Kampf!"

Achtes Kapitel.

Der Juni war vorüber und der 4. Juli rückte
heran, dieser für die Vereinigten Staaten so glor=
reiche, alljährlich mit dem größten Pompe und
höchsten Geldaufwande gefeierte Tag.

Im Leslie'schen Hause waren die letzten Wochen
auffallend still verstrichen. Wie eine Gewitter=
schwüle, vielleicht auch durch die schon oft unerträglich
werdende Hitze hervorgerufen, lag es auf den Be=
wohnern. Seit jenem Tage im Garten gab es zwar
keine Scenen mehr; allein man verkehrte kalt und
förmlich mit einander. Mrs. Leslie besonders schien
nach der Unterredung mit ihrem Stiefsohne, wie
versteinert, obgleich sie sich so unbefangen als mög=
lich zeigte, und wohl nur ein sehr scharfes Auge
konnte bemerken, daß ihre Lippen oft in nervöser
Angst zitterten. Alicen hatte sie davon keine Silbe
verrathen. Ihrem heißesten Herzenswunsche, daß
Harry einst die Tochter zur Gattin nahm, mußte

sie nun wohl entsagen und sich in das Unvermeid=
liche finden, so gut es eben ging. Aber Maria
Arnold, dieses hinein geschneite Mädchen mit den
impertinenten Blicken an diesem Platze zu sehen,
war für die ehrgeizige Frau ein kaum auszudenken=
der Gedanke. Und, was das Schlimmste war, schon
jetzt fühlte sie sich machtlos. Jeder ihrer gewandten
Angriffe prallte an der unnahbar stolzen Haltung
der Deutschen, an Harry's grenzenloser Verblendung
zurück. Die Heirath mit Maria war gleichbedeutend
mit ihrem Abschiede aus diesem Hause, dessen un=
umschränkte Herrin sie länger als zehn Jahre ge=
wesen war. Andrerseits aber gehörte Mrs. Leslie
auch wieder zu jenen sanguinischen Naturen, welche
aus den Trümmern ihrer vereitelten Pläne stets
neue Luftschlösser bauen. Ihr elastischer Geist ließ
sich für kurze Zeit wohl beugen, doch niemals unter=
drücken. Den Absichten des Stiefsohnes, mit dem
deutschen Mädchen sich zu vermählen, konnten sich
noch viele Hindernisse entgegenstellen. Das ge=
fürchtete Wort war ja noch nicht gesprochen. Liebte
denn Maria überhaupt ihren Vormund? Sie hatte
bei ihr niemals ein tieferes Empfinden wahrge=
nommen. So dachte und kombinirte die in ihrer
Lebensstellung gefährdete Frau. — Zu all' diesen
quälenden Sorgen gesellte sich noch ein tiefgefühlter

Kummer — bei dem Gedanken an Alicens Glück.
Die leidenschaftliche Liebe für den Stiefbruder
kennend, sah sie mit Schrecken, wie das schöne
Weib in wahnsinniger Angst und Aufregung sich
verzehrte, nur um ein freundliches Lächeln von ihm
zu erhaschen, ja nur um einen zärtlicheren Blick
aus jenen klaren grauen Augen, welche stets in
brüderlichem Wohlwollen, doch nie mit einem anderen
Ausdrucke auf sie herabblickten. —

Seit dem Tage im Garten war auch über die
Diamantenangelegenheit zwischen Alice und Mr. Leslie
kein Wort weiter gewechselt worden. Dieselben ruhten
nun längst wieder in ihrer Schmuckchatulle, sicher und
unberührt. Mit fast abergläubischen Gefühlen hatte
sie die glitzernden Steine verschlossen; ihnen gab sie
ja die meiste Schuld an ihrem Elende. Mr. Leslie,
ein edler, die Fehler und Schwächen der Menschen
sehr liberal und nachsichtig beurtheilender Charaker,
wußte genau, daß Alice eine gründliche Lehre erhalten, und daß, mit dem Bewußtsein der Entdeckung,
die verbotene Frucht allen Reiz bei ihr verloren
hatte. Sie schien nur befangener, schüchterner ihm
gegenüber; aber gerade dieses zurückhaltende, unendlich sanfte Wesen kleidete sie vortrefflich, und man
konnte, wie Maria selbst sich eingestehen mußte,
keine reizendere heimliche Braut sich denken.

Für die junge Deutsche waren die letzten Wochen ohne besondere Bedeutung, freud= und hoffnungslos, dahingeflossen. Die so plötzlich in ihrem Herzen hell aufgeloderte Liebe zu dem Vormunde machte sie womöglich noch unnahbarer, und dies gab ihrer ohnehin reservirten Haltung etwas allzu Schroffes. Nur einmal traf es sich, daß sie bei einem Ausfluge nach Long=Branch zufällig mit dem Vormunde allein — weit ab von der übrigen Gesellschaft — am Strande der herrlichen Bay gestanden; dort hatte er sie mit seiner tiefen Stimme, die ihr den Herz= schlag stocken ließ, gefragt: „Ist meine Heimat nicht auch schön, Ria?" und wie wunderbar, mit welch leuchtenden Augen hatte er sie dabei angeblickt, daß sie wirklich einen Moment an seinem Verhältnisse zu Alicen irre geworden war. Wie klang doch dieses „Ria" so süß, so ganz anders von seinen Lippen! Und weshalb sprach er stets nur deutsch, wenn sie allein waren? Seitdem war er ihr immer gegen= übergetreten als der ruhige ernste Mann, als der für das Wohl seines Mündels gewissenhaft sorgende Vormund. Eines jedoch blieb Maria räthselhaft: warum erklärte er Alice nicht öffentlich für seine Braut?

Die so vornehme Ruhe des Leslie'schen Hauses wurde seit einigen Tagen auffallend gestört. Des

Morgens schon hörte man oft helle fröhliche Mädchen-
und Kinderstimmen, lustige und traurige Weisen,
sowie Versuche auf dem Klavier aus den Parlours
erschallen. Vorsichtig trugen die Gärtner schwere
Kübel mit Topfgewächsen die Treppe hinan, während
Schneiderin und Zofen in den sonst so geheiligten,
exklusiven Empfangszimmern freien Zutritt hatten.
Zur Feier des 4. Juli sollten lebende Bilder gestellt
werden, und Alicens erfinderischer Geist wollte diese
Aufführungen so glänzend in Scene setzen, wie all
die ihr zu Gebote stehenden Mittel es gestatteten.
Mr. Leslie, jung und lebensfroh, wie er noch war,
sah mit Vergnügen diesem Feste entgegen, wenngleich
er sich nicht selbst an den Arrangements betheiligte;
und seine Stiefmutter machte gute Miene zum bösen
Spiel und tröstete sich damit, daß Alice wenigstens
für einige Zeit wieder Zerstreuung gefunden hatte.

Die beiden großen Parlours eigneten sich auch
vortrefflich zu diesem Zwecke. In einem derselben
war ein Podium errichtet worden, reich und ge-
schmackvoll in den Landesfarben und mit prächtigen
Topfgewächsen dekorirt. Sogar der Vorhang, welcher
den Raum für die Zuschauer von dieser Art Bühne
trennte, bestand aus zwei großen schwerseidenen
Sternenbannern, deren Falten malerisch herabhingen.
Nicht allein, daß das ganze Arrangement die leitende

künstlerische Hand verrieth, man sah auch an Allem
den Reichthum, den beinahe verschwenderischen Luxus
des Leslie'schen Hauses.

Mrs. Leslie blieb, so lange die Vorbereitungen
währten, fast ausschließlich in ihren Privatzimmern
und ließ sich nur zu den Mahlzeiten sehen. Ihr
Stiefsohn dagegen durfte, den Bestimmungen Alicens
gemäß, gar nicht in die Geheimnisse eindringen, was
ihm nicht allzu schwer fiel. Denn gleich allen etwas
verwöhnten Männern ging er den Zurüstungen gern
aus dem Wege. Alice und Maria aber bemühten
sich in jugendlichem Eifer, diese Aufführung so
reizend wie nur denkbar zu veranstalten. Was bei
Ersterer die besondere Vorliebe für Pracht und
Eleganz bewirkte, das that bei Letzterer der künst=
lerische von ihrem Vater ererbte Geschmack; und
ihnen Beiden zur Seite stand der junge deutsche
Maler, Adolf Gerhardt. Mit Freuden ergriff dieser
die Gelegenheit, unter den Augen von Alice Henning=
ton seine Kunst zu entfalten. Sie war ja das Ideal
seiner Träume, der Magnet, welcher den jungen
Deutschen schon seit Monaten in New=York festhielt.

Der vielbesprochene Abend des 4. Juli war
endlich herangekommen. Mrs. Leslie empfing in
vornehmer selbstbewußter Haltung ihre Gäste, welche
aus einer zahlreichen Versammlung der exklusivsten

New=Yorker Gesellschaft bestanden. Zum ersten Male seit dem Tode ihres Gatten hatte sie die Trauer abgelegt und trug eine prächtige Robe von veilchen= farbigem Atlas. Ein jeder der Geladenen begrüßte sie natürlich als die Dame dieses Hauses, als dessen unumschränkte Gebieterin. Sie war und blieb ja — so dachte man — die Mutter des reichen jungen Handelsherrn; und wohl Keiner ahnte, daß der Fuß dieses stolzen ehrgeizigen Weibes auf schwankendem Boden stand, daß durch ein Wort, ein einziges schreckliches Wort, durch das Ja Maria's, alle ihre jahrelangen Wünsche und Hoffnungen in ein Nichts zusammenfielen.

Nachdem im Garten ein brillantes Feuerwerk abgebrannt und durch tausende von Raketen und Schwärmern aus der Nachbarschaft beantwortet worden war — ganz New=York glich ja bis spät in die Nacht hinein einem sprühenden Lichtmeere — begaben Mrs. Leslie's Gäste sich in die Parlours und ließen sich nieder. Das Rauschen der seidenen Schleppen, das geheimnißvolle Murmeln der vielen Stimmen verstummte und unter den Tönen einer unsichtbaren Musik theilte sich der Vorhang. Der Eindruck des lebenden Bildes war ein bezaubernder. Wie um dieses reizende Märchen nicht zu zerstören, herrschte eine fast feierliche Stille in den großen

Räumen. Dort unter dem mit goldenen Franzen besetzten Baldachin von blaßrosa Seide auf einem schwellenden Ruhebette, umrankt und umwoben von zahllosen frischen Rosen, lag Dornröschen, die sagenhafte Königstochter im Zauberschlafe. Den lieblichen Kopf neigte sie etwas zur Seite und bis zum Boden herab ringelten sich die aufgelösten Locken, deren goldiger Schimmer mit dem Glanze der kleinen Krone zu wetteifern schien. Auch das offene Leibchen, woraus Schultern und Arm dieses Feenkindes in blendender Weiße hervorleuchteten, zeigte die Farbe der Rosen. Wirklich meisterhaft hatte Alice Hennington es verstanden, ihre ohnehin schöne Gestalt in ein zauberisches Licht zu stellen. Die Bewunderung war dem entsprechend eine ungetheilte.

Maria, welche auf der Bühne, hinter einer Draperie verborgen, stand und nach den versammelten Gästen hinüberblickte, gewahrte neidlos und mit Vergnügen Alicens Triumphe. Doch nun fiel ihr Auge auf Mr. Leslie. Dort — inmitten einer Gruppe von Herren — stand er; aber das sonst so kalte gleichgültige Antlitz war erregt und geröthet. Die sonst so kühlen Blicke richteten sich mit äußerstem Entzücken nach dem reizenden Bilde hinüber, so daß das junge Mädchen einen heftigen Schmerz in ihrem Herzen aufzucken fühlte. Das konnte nur die Liebe

sein, die beseligende Gewißheit wieder geliebt zu
werden, welche dort in seinen Zügen sich abspiegelte.
Vergessen war für den Moment Freude und Inter=
esse an den Aufführungen; das wundersame Gefühl
in ihrer Brust übermannte sie; ein Schluchzen ver=
bergend, stürmte sie rasch nach ihrem Zimmer, wo
sie in Thränen aufgelöst, zusammensank.

„O Himmel! Ich fühle ja nicht die Kraft,
das länger mit anzusehen und zu ertragen. Habe
Erbarmen mit mir. Warum mußte ich ihn auch
lieben? Und wie liebe ich Dich, Harry!“

Den Kopf in die Hände verborgen, saß sie
lange in dumpfer Verzweiflung auf dem Sopha.
Von unten herauf tönte die Musik. Maria achtete
nicht darauf. Sie war der Gegenwart völlig ent=
rückt. Wie wunderbar hatte doch diese unselige
Liebe Gewalt über sie bekommen? dachte sie weiter.
Nicht lind und leise, gleich dem sanften Wehen der
Frühlingslüfte, nein, wie der glühend heiße Strahl
der Sonne seines Vaterlandes hatte es ihr Herz
getroffen. Jede Fiber, jeder Schlag darin ge=
hörte ihm!

Es klopfte ganz leise an der Thür, das junge
Mädchen sprang empor und öffnete.

„Miß Mary möchte doch sofort hinunter=
kommen!“ sagte Ben, schüchtern in das Zimmer

tretend, mit wichtiger Miene. „Mr. Gerhardt läßt
darum bitten; es sei die höchste Zeit!"

„Ja, ja, ich komme!" entgegnete Maria in
einiger Verwirrung, die Hand über die Augen legend,
während sie in den hellerleuchteten Vorsaal hinaustrat.

Besorgt, fast zärtlich schaute der alte Neger in
das plötzlich so veränderte traurige Mädchenantlitz
und erlaubte sich die Frage: ob Miß Mary sich
unwohl fühle?

„Ich habe nur arge Kopfschmerzen, Ben! Die
Hitze ist zu groß und ich bin ja noch nicht daran
gewöhnt." Mit diesen Worten eilte sie schnell die
Treppe hinab.

Der Vorhang hatte sich soeben vor einem
reizenden Kinderbilde geschlossen und man wartete
nach einer ziemlich langen Pause auf das Schluß=
tableau, wie es das Programm verkündete. Be=
sonders Mr. Leslie schien unruhig und aufgeregt.
Wo blieb Maria? Jetzt in diesem letzten Bilde
mußte sie doch wohl erscheinen? Als er noch mit
diesen Gedanken beschäftigt war, ertönte auch schon
wieder die Musik und die weichen Klänge des alten
Liedes „home, sweet home!" zitterten durch den
Saal. Der Seidenvorhang flog auseinander.

Dieses Mal jedoch hallte ein lang gezogenes Ah
aus jedem Munde; dann folgte das tiefste Schweigen.

Auf einem Felsenvorsprunge, den Adler und
die gebrochenen Sklavenketten zu Füßen, saß —
Columbia, das Sinnbild Amerikas. Das klassisch
schöne Gesicht Maria's war seitwärts gewandt und
richtete sie die großen Augen, mit keiner Wimper
zuckend, träumerisch in die Ferne. Nur um den
süßen Mund lag heute ein herber, fast strenger Zug,
welcher von Allen dem Bilde zugehörig angesehen
wurde. Ein Sternendiadem umgab die Stirn und
hielt die prächtigen Haarfluthen zurück, welche in
sanften Wellen über den Nacken herabfielen. Das
kurze Ueberkleid, von lichtblauer Gaze mit Silber=
sternen durchwebt, ließ die schönen Arme völlig frei,
während das untere Gewand aus roth= und weiß=
gestreifter Seide dicht und plastisch sich an den
schlanken Körper schmiegte. Dieses Bild konnte ein
ideales genannt werden. Das war eine Göttin der
Freiheit, wie keine Phantasie schöner sie sich denken
konnte.

Wenige Augenblicke herrschte tiefe Stille; dann
aber brach ein Jubel, ein nicht enden wollender
Jubel, eine bis zur Extase anschwellende Begeisterung
sich Bahn. Immer von Neuem verlangten die leiden=
schaftlich erregten Amerikaner dieses herrliche Bild
zu sehen und zu bewundern, welches, vereint mit

den schwermüthigen Klängen des alten Heimatliedes
mehr als ein Auge in Thränen schwimmen ließ.

Was sagte Mr. Leslie jetzt? Wenn Maria
nun in seine Augen hätte blicken können, so würde
sie wohl auf der Stelle gewußt haben, daß er nicht
Alice liebe, daß der Freudenschimmer, den sie vorhin
in seinen Zügen wahrgenommen, nichts als die lebhafte Bewunderung eines schönen Bildes gewesen
war. Nun lag ein ganz anderer Ausdruck in diesem
Antlitze. Die erste Liebe brach hervor aus seinem
Herzen, sie sprühte aus seinen Augen gleich hellauf-
strahlendem Sonnenscheine.

Der Vorhang sank zum letzten Male, und Mr.
Leslie benutzte die Bewegung der sich erhebenden
Gesellschaft, um unbemerkt nach seinem Zimmer zu
gelangen. Er fühlte sich unfähig, die Phrasen
und Komplimente der Gäste anzuhören. Das, was
er geschaut, was noch jetzt so klar vor seiner Seele
stand, das war über jedes Lob erhaben. In namenlosem Entzücken jubelte es in seinem Herzen auf.
Und dieses wundervolle Mädchen war ja sein, sein
unbestrittenes Eigenthum. „Sein?" flüsterten die
bebenden Lippen, während eine unerklärliche Angst
bei diesem Gedanken ihm die Brust zusammenschnürte.
Nein, bis jetzt war sie es noch nicht. Noch niemals
hatten Maria's dunkle Augen ihm die leisesten Gefühle

verrathen, niemals ihn ahnen lassen, ob sie etwas
Anderes in ihm sähe, als den Vormund, den Freund
ihres Vaters. Hatte aber auch er ihr je gezeigt,
daß sein Herz in wilden Schlägen pochte, wenn sie
in seiner Nähe stand, wenn ihre süße Stimme an
sein Ohr schlug und diese braunen Sterne so schüchtern
und bittend zu ihm aufschauten? Und dennoch sagte
ihm tief im Innersten der Brust ein Etwas, daß sie
sein war, sein werden mußte! Waren sie Beide
nicht für einander bestimmt, nicht Beide für einander
geschaffen? „Ich muß Gewißheit haben!" flüsterte
er leise, mit hastigen Schritten im Zimmer auf= und
abwandelnd. „Diesen Zustand ertrage ich nicht
länger: morgen schon will ich mir dieselbe holen und
damit all die quälenden Zweifel beenden. Warum
that ich es nicht längst? Ja — warum?" Ein
schwerer Seufzer hob seine Brust. Denn der Ge=
danke, hinzutreten vor Maria, ihr zu sagen: „Ich
bin nun bereit, mein gegebenes Wort einzulösen;
hier ist meine Hand zum Bunde, sei mein Weib!"
dieser Gedanke, wenn auch verführerisch, ließ ihn
vor der nahen Entscheidung bangen. Sollte er ihr
aber die Bestimmungen und Wünsche ihres Vaters
mit so kühlen trockenen Worten offenbaren, oder
sollte er in dem stürmischen Drange seines Herzens
vor sie hinknieen und ihr zurufen: „Maria, ich liebe

Dich, unsagbar, unermeßlich! Nicht allein, weil ich
Richard Arnold mein Versprechen treulich halten
will, flehe ich Dich an, mir Deine Hand fürs Leben
anzuvertrauen, nein, fast wünschte ich jetzt, es hätte
dieses Wort nie zwischen uns bestanden. Aus freier
Wahl komme ich zu Dir, Maria! Das Geständniß
meiner Liebe drängt sich unaufhaltsam über meine
Lippen, ich kann nicht mehr leben ohne Dich! Der
höchste Begriff aller irdischen Seligkeit für mich kann
nur der sein, wenn Du mein Weib wirst!"

Seinen Gang durch das Zimmer unterbrechend,
blieb er vor dem Bilde Richard Arnolds stehen.
Der alte Freund hatte sein Herz schon richtig be=
urtheilt. Würde er sich nun aber nicht in dem
seines Kindes getäuscht haben? Und fast wider
Willen gedachte er dessen letzter Worte: „Viel=
leicht bald, vielleicht nach Kämpfen!" Standen
ihm solche noch bevor?!

Lautes Treiben und Stimmen in der Halle
schreckten ihn empor. Einige Gäste rüsteten schon
zur Heimfahrt. Der junge Hausherr hatte für eine
viertel Stunde seiner Pflichten völlig vergessen und
trat nun sofort hinaus.

Doktor Bodenhausen war, als der letzte Wagen
davonrollte, allein zurückgeblieben. Da seine Gattin
im Begriffe stand, bei den Damen sich zu empfehlen,

kam er noch einige Minuten mit Mr. Leslie in dessen Zimmer und rief, vergnügt die Hände reibend:

„Dieser Abend bleibt ewig in meinem Gedächt= niß, Harry! Alles brillant, Alles gelungen! Am Schönsten aber war doch unsere Columbia! Meinen Sie nicht auch?"

Mr. Leslie entgegnete, indem er an seinen Schreibtisch trat, um dadurch den forschenden Blicken des Doktors zu entgehen, so gleichgültig, als nur irgend möglich: „O gewiß, es war für den 4. Juli ein sehr passendes Bild, und . . ."

„Und?" fragte der alte Herr lächelnd, als jener eine Pause machte.

„Well, ich danke Gott, daß dieser Trubel im Hause nun doch ein Ende hat, und wir bald nach Staten Island hinaus können!" Dabei wollte er seinem Gaste ein Etui mit Cigarren präsentiren, hatte jedoch statt dessen nur eine Schachtel Zünd= hölzer ergriffen.

Doktor Bodenhausen lachte laut auf und drohte mit dem Finger.

„Harry, Harry, belügen Sie sich selbst, so viel Sie wollen! Einem alten Menschenkenner machen Sie nichts weiß! — All right, nun gute Nacht, angenehme Ruhe!" Und er eilte aus der Thüre.

——— ——— ———

Der andere Morgen versammelte die Damen etwas später, wie gewöhnlich, zum Frühstück. Es waren Reisevorbereitungen getroffen worden. Denn schon Nachmittags sollte man für einen dreimonat= lichen Aufenthalt nach Staten Island, wo Mr. Leslie eine reizende Cottage, dicht an den Ufern der Bay gelegen, besaß, aufbrechen.

Hinaus aus dem von tropischer Hitze durch= glühten New=York, hinaus ans Meer! Dieser Ge= danke ließ Alle erleichtert aufathmen.

Maria saß gegen Mittag in ihrem Zimmer. Sie hatte soeben einen langen Brief an Clara Werner, der eine ausführliche Beschreibung des gestrigen Tages enthielt, beendet, als Ben im Auftrage seines Herrn erschien. Der alte Neger blieb ehrfurchtsvoll an der Thüre stehen und sagte schüchtern, während über das dunkle Gesicht ein so gewiß schlauer Aus= druck sich legte:

„Mr. Leslie sendet mich, Miß Arnold zu fragen, ob er ihr jetzt einen Besuch machen dürfe, und ob er sie einige Augenblicke ungestört sprechen könnte?“

Das junge Mädchen schaute überrascht auf. Ihr Herz begann heftig zu klopfen; doch erwiderte sie ruhig: daß Mr. Leslie's Besuch ihr sehr ange= nehm sein würde!

Der Diener verschwand.

„Was kann er mir nur zu sagen haben?
Weshalb läßt er sich so feierlich bei mir melden?"
flüsterte sie kopfschüttelnd. Sie hatte ihren
Vormund heute Morgen noch nicht gesehen, ihn
seit den letzten unruhigen Tagen kaum gesprochen.
Wollte er ihr etwa seine bevorstehende Vermählung
mit Alicen anzeigen? —

Da klopfte es laut und kurz, und Mr. Leslie
trat ins Zimmer, ernst und ruhig, wie gewöhnlich;
nur aus den grauen Augen leuchtete heute ein
wunderbarer Glanz. Maria schien merkwürdig be=
fangen. Sie trug ein langes weißes Morgenkleid,
dessen weite Falten ihre Glieder züchtig verhüllten.
Sogar das prachtvolle Haar war, in fast puritanischer
Einfachheit, glatt hinter das kleine Ohr gekämmt
und kunstlos aufgesteckt. Und doch schien es ihm,
als sei sie heute, wo das goldige Sonnenlicht auf
ihrem Scheitel spielte, noch schöner und bezaubernder,
als gestern im flammenden Scheine der Kerzen mit
der Sternenkrone auf der weißen Stirn.

Sich etwas erhebend, blickte Maria scheu und
fragend nach ihm hinüber, welcher einige Sekunden
lautlos vor ihr stand. Man konnte glauben, der
gewandte Gentleman suche nach Worten.

„Wollen Sie sich nicht setzen Mr. Leslie?"

fragte sie verbindlich, das peinlich werdende Schweigen
brechend.

Einen Stuhl dicht an ihre Seite ziehend und
zum ersten Male sie voll anschauend, begann er mit
seiner tiefen klangreichen Stimme:

„Sie haben mich vor einigen Monaten gefragt,
weshalb ich Sie Ihren heimatlichen Verhältnissen
entzogen und in mein Vaterland kommen ließ.
Darauf bin ich bis jetzt Ihnen die Antwort schuldig.
Wollen Sie diese nun hören, Maria?"

Es erfolgte keine Erwiderung; nur hingen die
beiden dunklen Mädchenaugen immer ängstlicher und
gespannter an seinen Lippen, während er laut und
erregt fortfuhr:

„Daß ich Ihrem Vater wenige Tage vor seinem
Ende gelobt habe, als Vormund Sie mit Rath und
That zu schützen, das wissen Sie. Und es war
bisher mein innigstes Bestreben, diese mir auferlegte
und gern übernommene Pflicht nach besten Kräften
zu erfüllen. Aber ich versprach noch etwas Anderes,
etwas, was zu erfüllen nicht in meiner Hand allein
liegt." Die Stimme wurde unsicher und nur ab-
gebrochen kamen die Sätze aus seinem Munde.
„Ich kann und darf Sie nicht länger in Ungewiß-
heit über Ihre Zukunft lassen, und so hören Sie
denn heute, daß — Richard Arnold mir das feste

und unverbrüchliche Versprechen abgenommen hat,
Sie länger, über die Vormundschaft hinaus zu be=
hüten. Werden Sie mir nun das Recht einräumen,
Ihnen für alle Zeiten, in Glück und Leid, schützend
zur Seite zu stehen, Maria? Ich gab mein Wort,
Sie einst mein Weib zu nennen!"

Das junge Mädchen war bei seinen letzten
Worten aufgesprungen. Hochaufgerichtet und todten=
bleich stand sie ihm gegenüber, krampfhaft an die
Lehne des Sessels sich festhaltend. Wohl eine
Minute lang starrten die großen Kinderaugen
fassungslos zu ihm hinüber, zu ihm, der nun mit
bangklopfendem Herzen, fast schüchtern, der Entschei=
dung entgegen sah. Aber in Maria's Augen lag
nichts von jenem seligen verheißungsvollen Glücke,
wie daraus zu lesen er sich bemühte; sie funkelten
und flammten nur in namenlosem Zorne. Wo blieb
nun ihre Liebe zu diesem Manne, die hohe Achtung,
die sein Charakter ihr eingeflößt? Also auch er
sank herab zu der Erbärmlichkeit so Vieler, welche,
wie sie oft schon gehört, die Liebe zu einem andern
Weibe im Herzen, mit kaltem Blute das Lebens=
glück eines Mädchens aufs Spiel setzen, weil sie
nicht Muth genug besitzen, den unüberwindlich er=
scheinenden Hindernissen frei die Stirn zu bieten.
Warum trat er jetzt nicht offen vor sie hin mit dem

Bekenntnisse seiner Liebe zu Alice? Es war ja nicht ihre, und auch nicht seine Schuld, daß es so kommen mußte. Dem Herzen läßt sich nicht gebieten. Allein seine ungeliebte, ihm aufgedrungene Gattin zu werden, das hielt sie für entwürdigend. Niemals, niemals! Da kannte er Maria Arnold doch zu wenig; aber jetzt sollte er sie erst kennen lernen!

Auch Mr. Leslie hatte seinen Sitz verlassen und schaute in der größten Bestürzung auf sein Mündel.

„Sind Sie denn so sehr überrascht und er=schrocken über meine Worte, daß Sie mir gar nicht antworten können, Maria?" kam es endlich zögernd über seine Lippen. „Habe ich zu schnell, Ihren Ge=fühlen zuwider mich ausgedrückt und gesprochen?"

„O nein, Mr. Leslie! Sie haben sich sehr gut und deutlich ausgedrückt," rief sie höhnisch auf=lachend. Doch durch den Ton ihrer Stimme zitterte es gleich einem verhaltenen Schmerzensschrei. „Sie haben sich Ihrer Aufgabe meisterlich entledigt. Eine Antwort wünschen Sie? Glauben Sie wirklich, halten Sie es denn für möglich, daß ich mich so sans façon in dieses Abkommen, in dieses Geschäft hineinfinden werde, die Fesseln willen= und wider=standslos um meine Hände schmieden lasse? Glauben Sie nicht, daß auch in einer Mädchenbrust etwas sich

regt, was man Stolz nennt? Gott weiß es, wie
sehr ich meinen Vater geliebt habe und sein An=
denken verehre," der schöne, jetzt so bleiche Mund
zuckte schmerzlich bei diesen Worten, „aber über mein
dereinstiges Lebensglück zu entscheiden, stand ihm
kein Recht zu. In diesem Punkte kann, werde ich
ihm niemals folgen!"

„Maria, um des Himmels Willen, Sie miß=
verstehen mich!" Er trat ihr noch näher und faßte
nach der einen herunterhängenden Hand.

Doch sie entzog ihm dieselbe schnell und sagte,
sich hoch und stolz emporrichtend:

„Mißverstehen? Jetzt verstehe ich Alles nur zu
gut. Vor Jahren haben Sie aus Liebe und Freund=
schaft zu meinem seligen Vater ein übereiltes, un=
überlegtes Versprechen gegeben, Mr. Leslie, welches
nun einzulösen Sie sich für verpflichtet halten. Des
Mannes Wort ist heilig, gewiß! Ihr und mein
Glück kommt dabei gar nicht in Betracht, es ist ja
eben nur ein abgemachtes Geschäft! Sie sind sogar
großmüthig, möchten auch ein Opfer bringen, indem
Sie das verwaiste Mädchen zur Gattin wählen.
Doch Maria Arnold ist zu stolz, dasselbe anzunehmen;
sie verzichtet darauf und sprengt die Fesseln, die des
Vaters Hand um sie gelegt. Ich gebe Ihnen hier=
mit Ihr Wort zurück!"

Mr. Leslie war todtenbleich geworden und seine breite Brust hob und senkte sich, wie in einem furchtbaren inneren Kampfe. Was sprachen die blassen Mädchenlippen dort von Opfern, die er bringen wollte? Heiße, zornige Blitze schossen aus seinen grauen Augen. Sollte er ihr jetzt, in dieser Minute sagen, daß seine Seele nicht daran dächte, sich zu opfern, daß es einzig die Liebe, seine erste tiefgefühlte Liebe sei, welche ihn heute zu ihr geführt? Nein, dazu war Harry Leslie nun auch zu stolz. Mochte sie denn bei dieser Täuschung beharren. Seine Lippen würden ihr nie, niemals das Geheimniß seines Herzens verrathen! Das schwur er sich in dieser bitteren Stunde. Tief schmerzlich preßte sich einen Moment das starke Männerherz zusammen. Nun mußte er ja genau, daß sie ihn nicht liebte. Und dennoch wollte er die Macht, welche er über dieses stolze, frostige Mädchen besaß, sich nicht so schnell aus den Händen ringen lassen. Deshalb sagte er eisig kalt, fast drohend:

„Wenn ich aber trotz alledem Sie nicht freizugeben gesonnen bin, Maria?"

„Das werden Sie nicht thun!" rief sie, indem Rosengluth das schöne Gesicht bedeckte. „Denn das wäre ja Schwäche, Feigheit, um nicht eingestehen zu wollen, daß Sie sich damals übereilt haben. Im

innersten Herzen sind Sie sehr froh über diese
Lösung, das weiß ich wohl. Sie müssen mich
nun freigeben, Mr. Leslie! O lassen Sie mich zurück
nach meiner Heimat!" Bittend hob sie die Hände
zu ihm auf. „Ich — ich kann es hier nicht länger
mehr ertragen!"

Seine Lippen waren fest geschlossen, und die
Brauen finster zusammengezogen; nur in den grauen
Augen schimmerte es so eigenartig feucht mit einem
Male. War es die weiche schmerzvolle Stimme, die
den aufwallenden Zorn schon im Entstehen dämpfte?

„Gut, ich will Sie freigeben, Maria!" sagte er
endlich, nach einer langen bedrückenden Pause. „So
gehen Sie denn zurück nach Deutschland, Ihrem
Herzenswunsche folgend! Vergessen Sie dort wieder
das Ihnen so unsympathische Amerika und alle
Unbill, welche der aufgedrungene Vormund über
Sie gebracht hat!" Er stockte und sah ihr eine
Weile stumm ins Angesicht. „Noch heute schreibe
ich an Ihren Pfleger, den Justiz-Rath Z . . ., ihm
dadurch plein pouvoir über Ihre Angelegenheiten
in die Hand zu geben, da ich mit dieser Stunde
mich aller Rechte über Sie begebe. Das ist, denke
ich, in Ihrem Sinne, Maria? — Sollten Sie aber
je im Leben eines Rathes oder Schutzes bedürfen,
dann erinnern Sie sich daran, daß Harry Leslie

der treuste beste Freund Ihres Vaters gewesen ist,
der gern, wie gern —" hier folgte wieder eine
Pause, während der feuchte Schimmer in seinen
Augen noch sichtbarer hervortrat; alsdann faßte er
sich schnell und setzte mit ruhiger Festigkeit hinzu:
„— der Ihrige bleiben wird, Maria!"

Indeß, ehe sie hierauf etwas erwidern konnte,
machte er ihr eine sehr steife Verbeugung und ver=
ließ das Zimmer.

Einen Augenblick stand das junge Mädchen
regungslos an derselben Stelle. Schreck und Auf=
regung trübten ihr für Sekunden jedes klare Denken,
und nur zwei große Thränen rollten langsam über
das blasse Gesicht. Also, sie durfte nun gehen!
Niemand hielt sie zurück, Niemand würde sie ver=
missen. O wie bitter wehe that dieser Gedanke!
Mrs. Leslie konnte triumphiren, und er? Er war
ja frei! Jetzt ward Alice öffentlich zu seiner Braut
erklärt! Darum also hatte er seine Liebe zu jener
stets so geheim gehalten? Sie, sie allein' war das
Hinderniß zwischen beider Glück gewesen. Aber
etwas leid schien es ihm doch zu thun, daß sie
ging, so dachte sie, sich seiner letzten Worte erinnernd.
Und warum wollte er sofort die Vormundschaft
niederlegen? Das hatte sie doch nicht gemeint; es

war ja nur das Andere, was sie so schroff zurückgewiesen hatte. —

Maria trat an ihren Schreibtisch. Da lag der
Brief an Fräulein Werner. Was würde diese zu
der schnellen Rückkehr sagen? Offenbar wußte sie
nichts von des Vaters letztem Wunsche. Doch erzählen, mündlich erzählen wollte sie der treuen
Freundin Alles, Alles!

Plötzlich wurde die Thür weit aufgerissen und
Alice kam mit glühenden Wangen und unruhig
flackernden Augen in das Zimmer gestürmt.

„Was ist zwischen Ihnen und Harry vorge-
fallen, Maria?“ rief sie, indem schnelle Athemzüge
ihre Brust fieberhaft hoben und senkten. „Er war
bei Ihnen, das weiß ich; denn ich sah ihn soeben
geisterhaft bleich die Treppe herab kommen. Ich
rühre mich nicht von der Stelle, bis Sie mir die
volle Wahrheit gesagt haben!“ Mit diesen Worten
trat sie dicht an Maria's Seite und faßte sie fest
am Handgelenk. „Mir sind Sie eine Antwort
schuldig, ich will Alles wissen!“

Das junge Mädchen rang mit der tödtlichsten
Verlegenheit. Sollte sie hier vor diesen beiden
zornig funkelnden Frauenaugen ein Verhör bestehen? Allein Alice hatte ja ein Recht zu fragen.

Sie mußte also sprechen. Das reizende Gesicht von heller Rosengluth überhaucht, flüsterte sie leise:

„Mr. Leslie wollte das einst meinem Vater gegebene Versprechen, mich zur Gattin zu nehmen, einlösen. Er hat mir soeben seine Hand ange= tragen!"

Alice klammerte sich in wahnsinniger Angst an das Schnitzwerk des zierlichen Schreibtisches und stöhnte:

„Und Sie, Sie haben dieselbe angenommen?"

„Nein, Mrs. Hennington, das that ich nicht!" erwiderte Maria, kalt zurücktretend. „Mr. Leslie ist völlig frei und . . . ."

„Sie lieben also Harry nicht?" unterbrach sie Alice, beinahe jubelnd.

„Ich habe Mr. Leslie das meinem Vater treu gehaltene Wort zurückgegeben," war die ruhige Antwort Maria's, welche die letzte Frage damit überging, „weil es für uns Beide besser ist, weil — ich den Wunsch des Vaters nicht erfüllen kann!"

„Aber Harry, was sagt er dazu?" drängte die junge erregte Frau weiter.

„Mr. Leslie gestattet mir, nun wieder nach Deutschland zurückzukehren, und ich werde meinen längst gehegten Wunsch in nächster Zeit zur Aus= führung bringen."

Alice schien wie betäubt. Sich in einen Sessel

werfend, schloß sie für Sekunden die Augen. Wilde
Gedanken tobten durch ihr Hirn. Wäre es möglich,
daß dieses Mädchen ihn kalt abweisen, diesen Mann
nicht lieben konnte? Aber Harry? Mit Schrecken
gedachte sie seines verstörten Aussehens. Das be=
wirkte nicht allein der beleidigte Stolz des Mannes;
nein, was sie in seinem Angesichte soeben gelesen,
das war der tiefe leidenschaftliche Schmerz um ein
verlorenes Glück.

„Wann werden Sie reisen, Maria?" fragte
die junge Amerikanerin plötzlich, indem sie sich etwas
emporrichtete. Die blauen Augen blitzten schon
wieder übermüthig und boshaft nach der Deutschen
hinüber. „Und allein?"

„Gewiß reise ich allein," entgegnete Maria ernst
und wie ermüdet, da dieses peinliche Gespräch ihre
Geduld beinahe erschöpft hatte. „Ich kann es
Fräulein Werner doch nicht zumuthen, mich wieder
abzuholen. Wann ich reise? Das weiß ich im
Augenblick noch nicht, das wird wohl von meinem
Vormunde — von Mr. Leslie abhängen."

Dabei blickte sie ungeduldig nach ihrer Uhr.
Alice bemerkte es und lachte daher in ihrer alten
fröhlichen Laune hell auf, indem sie sagte:

„Aha, Sie wollen mich los sein, wohl um
Toilette zu machen? Well, ich gehe schon!"

Das sanguinische Temperament ihrer Mutter besitzend fühlte sie, daß Harry noch nicht für sie verloren sei. Dies änderte mit einem Schlage die Situation.

„Ich danke Gott, daß wir nun endlich aus diesem Bratofen New-York hinaus ins Freie kommen," fügte sie vergnügt hinzu. „Dort giebt es nämlich noch eine große Ueberraschung. Aber ich darf ja nicht aus der Schule plaudern! Kommen Sie nur bald hinunter, Maria, und leisten Sie mir etwas Gesellschaft! Die Mutter erhält fortwährend Abschiedsvisiten, und das ist zum Sterben langweilig."

Darauf steckte sie sich vor dem Spiegel noch einmal die Schleifen an ihrer duftigen Sommertoilette fest und rauschte hinaus.

———————————

Des Abends sollten die Mitglieder der Familie in der Cottage sich versammeln. Mrs. Leslie war nach dem Luncheon mit den jungen Damen hinübergefahren. Einen Palmenblatt-Fächer in der Hand, im bequemen Schaukelstuhl liegend, genoß sie auf der Veranda vor der Villa die dem Auge sich bietende wahrhaft zauberische Aussicht auf die Bay. Die fast tropische Hitze des Tages hatte sich nach Sonnenuntergang zwar nur um wenige Grade gemindert, doch die ab und zu über die Landzunge streichende

kühle Brise, wie der frischsalzige Geruch der steigen-
den Fluth machten den noch immer hohen Thermo-
meterstand weniger fühlbar. Ungeduldig und mit
Spannung sah die Dame, welche schon in New-
York kurz vor der Abfahrt durch Alice von der
zwischen Maria und ihrem Stiefsohne stattgefundenen
Unterredung in Kenntniß gesetzt war, dessen Ankunft entgegen. Obgleich die junge Frau im Allgemeinen die Mutter niemals zur Vertrauten ihrer
Gefühle machte, so konnte sie doch heute es nicht
unterlassen, dieses für beide Theile so wichtige Ereigniß ihr mitzutheilen. Mrs. Leslie triumphirte
jetzt wirklich. Nicht allein, daß sie mit einem Schlage
ihre alte etwas ins Schwanken gerathene Stellung
wieder gewann; sie begann auch fast eine Art von
Bewunderung zu fühlen für dieses Mädchen, das
freilich in einem ihr unerklärlichen Bettelstolze, wie
sie sich ausdrückte, die Hand des Millionärs zurückgewiesen hatte. Nur der Gedanke an Harry war
ihr für den Moment einigermaßen bedrückend. Wie
ertrug er, dem nie im Leben eine Demüthigung,
das Mißlingen irgend eines Planes zu Theil geworden war, diese schnöde Abweisung, diesen Korb?
Anders ließe sich die Sache eben nicht bezeichnen.
Würde er einst über diese Illusion sich trösten und
dennoch Alicen die Hand reichen? „Die Zeit heilt

ja alle ‚Wunden‘!" flüsterte Mrs. Leslie, befriedigt
aufathmend, „und Harry ist, Gott lob! kein
Schwächling. Energisch und mit fester Hand wird
er die früheren Gefühle aus seinem Herzen reißen
und dann . . ."

Ihr Selbstgespräch wurde durch Ben unter=
brochen, welcher leise dem Sitze Mrs. Leslie's sich
näherte und augenscheinlich eine Frage auf den
Lippen hatte.

„Nun, was giebt es?" ließ sie den unterwürfig
vor ihr stehenden alten Mann hart an, ihm dabei
einen strengen Blick zuwerfend.

„Es ist acht Uhr, Ma'am!" erwiderte ruhig
der Neger mit fast monotoner Stimme und nicht
eine Muskel des gutmüthigen Gesichtes zuckte bei
der scharfen Anrede der Herrin. „Soll ich das
Souper auftragen lassen, oder befehlen Mrs. Leslie,
daß auf den Herrn noch länger gewartet wird?"

„Schon acht! Ja, es ist wirklich wunderbar,
daß er noch nicht da ist," meinte sie, mehr für sich
selbst redend, während sie eine kleine goldene Taschen=
uhr aus dem Gürtel zog. „Gewiß, wir warten
noch, Ben! Lange bleibt Mr. Leslie keinesfalls
mehr, da er mir bestimmt versprochen hatte, zum
Thee hier zu sein. Wo sind die jungen Ladies?"

„Miß Arnold befindet sich oben in ihrem

Zimmer, und Mrs. Hennington ist vor etwa zwei
Stunden als Madame sich nach dem Diner etwas
zurückgezogen hatte, mit Mr. Gerhardt ausgeritten.“

„Wie, ist der deutsche Gentleman denn ge=
kommen?“ fragte die Dame sich aufrichtend, in
ärgerlich ungeduldigem Tone.

„Yes, Ma’am! Und bald darauf ließ Mrs.
Hennington für sich die Silvia und für Mr. Ger=
hardt des Herren braunen Hengst, den Arrow,
satteln. Auch befahl sie dem Groom sie zu begleiten.
Doch dort kommen sie zurück!“

Ben deutete mit der Hand nach der Straße,
einem mit Essigbäumen bepflanzten schattigen Wege,
welcher seitwärts von der Villa in sanften Windungen,
an eleganten Cottages und Gärten vorüber, sich
bergan schlängelte. Dann wartete er auf der untersten
Stufe der nach dem terrassenförmig angelegten
Garten führenden Treppe, bis die Reiter heran=
gekommen waren.

In schwarzem Reitkleide, dem kecken Hütchen,
dessen langer blauer Schleier im Winde flatterte,
sah Alice in der That reizend aus. Die goldgelben
Locken hatten sich gelöst und fielen nun graziös auf
den weißen Nacken bis zu der schlanken Taille hinab,
während die sonst zartgefärbten Wangen von einem
tiefen Purpur übergossen waren. Der junge Mann,

welcher ihr beim Absteigen behülflich zu sein sich
bemühte, legte seine Bewunderung und sein Ent=
zücken so offen an den Tag, daß Alice unter diesen
brennenden Blicken sich unbehaglich fühlen mochte.
Eilig sprang sie daher aus dem Sattel und schritt
behend, mit der langen Schleppe über dem Arm,
die Stufen zur Veranda hinan.

„Ist Harry schon hier?" war ihre erste Frage,
indem sie der Mutter die mit dem Musketair be=
kleidete Rechte herzlich zureichte.

„Noch nicht," erwiderte Mrs. Leslie fein
lächelnd, „ich erwarte ihn jede Minute. Du siehst
aber schrecklich erhitzt aus, Kind! Willst Du nicht
rasch andere Toilette machen!"

„Ach, heute nicht mehr, Ma! Wir sind ja,
Gott Lob, auf dem Lande!"

Mit diesen Worten legte sie Hut und Reit=
gerte bei Seite und warf sich tiefathmend in einen
Stuhl.

Der junge Deutsche hatte sich indessen auch den
Damen genähert; jedoch wurde er von Alicens Mutter
nicht gerade zu freundschaftlich begrüßt, da sie seine
stille, oder vielmehr recht bemerkbare Leidenschaft
für die Tochter durchaus nicht protegirte. Die stolze
Frau fand es sogar anmaßend, daß der in ihren
Augen unbedeutende Mann ernste Absichten zu hegen

schien. Wenn auch ihr Lieblingswunsch nie sich er=
füllen sollte, so wollte sie doch für die junge schöne
Frau zum wenigsten die Hand eines der reichsten
Männer von New=York beanspruchen.

Die Unterhaltung drehte sich fast ausschließlich
um den gestrigen Abend, und konnten beide Damen
Mr. Gerhardt ihre Anerkennung nicht versagen, da
nach ihrer Meinung einzig und allein die Hand
des Künstlers jene Darstellungen in solcher Vollen=
dung zu insceniren vermocht hatte. Später berath=
schlagte man über verschiedene Ausflüge und Partien
zu Wasser wie zu Lande, als der Maler plötzlich fragte:

„Wann soll denn eigentlich die erste Yachtfahrt
unternommen werden? Mr. Leslie war so liebens=
würdig, mich dazu aufzufordern. Leider aber muß
ich nächste Woche für einige Tage in Geschäften
nach Washington, und sollte es mir außerordentlich
leid sein, wenn ich dieses eigenartigen Vergnügens
dadurch verlustig würde,“ setzte er, einen nicht miß=
zuverstehenden Blick nach Alicen werfend, hinzu.

„Dann werden Sie gerade zu diesem freudigen
Ereignisse nicht hier sein,“ war die gleichgültige
Antwort der jungen Frau, welche nach der Reitgerte
langte und damit Figuren auf den Fußboden der
mit Matten belegten Veranda zeichnete. „Harry
hat die Probefahrt auf den 12. Juli festgesetzt.“

„Sobald schon! Das thut mir sehr leid!“
rief der junge Deutsche mit einem offenbar ent=
täuschten Gesichte. „Die Fahrt durch die Bay ist
eine der herrlichsten, die ich kenne. Der Hafen von
New=York kann wahrlich den Vergleich mit dem
Golf von Neapel sowohl, wie mit dem goldenen
Horn aushalten. Imposanter ist der Eindruck, den
der Fremde hier empfängt, sicherlich, wie ja über=
haupt Alles nach einem größeren Maßstabe angelegt
ist. Ich habe oft das Gefühl, als wäre der Schöpfer,
was Dimensionen anlangt, in Amerika besonders
verschwenderisch zu Werke gegangen.“

„Finden Sie das wirklich?“ fragte Alice über=
rascht, indem sie nach ihrer Mutter hinüberschaute,
die in der Zeitung blätterte und an der Unterhaltung
keinen Theil nahm. „Ich kenne ja nur Amerika,
kann mir also gar kein Urtheil erlauben. Es freut
mich indeß, einmal ein Lob über mein Vaterland
zu hören. Im Allgemeinen sind die Deutschen sonst
nicht entzückt davon, trotzdem sie schaarenweise
hinüberkommen.“

„O bitte, beurtheilen Sie mich nicht auch nach
der Mehrzahl der hier lebenden Landsleute, Mrs.
Hennington!“ rief der Maler schnell, „welche einzig
und allein nur dem Klange des amerikanischen
Goldes nachgegangen sind, oder denen der heimat=

liche Boden aus irgend welchen Gründen unbehag=
lich geworden ist. Wer aber, wie ich, frei und un=
abhängig herüberkommt, nicht durch die Tretmühle
des Geschäfts oder durch Sorgen um die Existenz
in Anspruch genommen wird, der weiß gar wohl zu
beurtheilen, welche wunderbaren Naturschönheiten,
welche, fast möchte ich sagen, geheimnißvollen An=
ziehungskräfte Amerika besitzt.“

Mr. Gerhardt hatte bei diesen Worten in
Extase den Sitz verlassen; während seiner Brust
kurze unregelmäßige Athemzüge entstiegen, richteten
sich die Augen auf die reizende Frau. Doch ihr
kühles Lächeln wirkte ernüchternd, so daß der leiden=
schaftlich erregte junge Mann nach einer Weile, wie
in ein anderes Thema einlenkend, sagte:

„Ich hoffe sehr, daß es Fräulein Arnold mit
der Zeit auch hier gefallen wird, da . . .“

„O Maria geht nächstens zurück nach Deutsch=
land,“ unterbrach Alice ihn schnell und etwas un=
überlegt, so daß die Mutter sich veranlaßt sah, ihr
einen strafenden Blick hinüberzuwerfen.

„Ganz fort?“ fragte Gerhardt äußerst über=
rascht. „Ich glaubte, Fräulein Arnold würde für
immer, ich meine für längere Zeit hier bleiben.“

Die Damen wurden der Antwort auf diese
etwas peinliche Frage überhoben, denn soeben hielt

Mr. Leslie's offener Buggy vor der Gartenthür.
Sofort eilte Alice dem Bruder die Treppe hinab
entgegen, ihren Arm sanft in den seinen legend.
Sehr ernst, mit einem fast düsteren Gesichtsausdrucke
begrüßte er seine Stiefmutter und reichte dem jungen
Deutschen die Hand. Aber nicht ein Zug an ihm
verrieth mehr die tiefe Gemüthsbewegung, welche
diesen Morgen den ruhigen Mann fast außer
Fassung gebracht hatte. Zuweilen nur flog ein un=
stäter Blick nach der Hausthür; er sollte ja nun
den beiden trotzigen, ach so schönen Mädchenaugen
wieder gegenüberstehen. Etwa fünf Minuten später
trat Maria hinaus auf die Veranda. Das rosige
Antlitz war heute bleich, und wie Mr. Leslie's Falken=
auge sofort entdeckte, Spuren von Thränen noch nicht
vollständig darauf verwischt, was eine unmuthige
Regung in seinem Innern aufs Neue aufsteigen
ließ. Allein sie begrüßten sich gleichwohl unbefangen,
und rückte er galant für sie einen Gartenstuhl an
seiner Stiefmutter Seite, während der junge Maler
die Landsmännin in deutscher Sprache begrüßte.

„Ich höre mit Erstaunen und Bedauern, daß
Sie uns verlassen werden, Fräulein Arnold! Mrs.
Hennington sprach von Ihrer baldigen Abreise.
Was will Columbia in Deutschland!" fügte er
scherzend hinzu.

Ueber Maria's Züge flog ein helles Roth und ihre Augen trafen Harry Leslie. Dann erwiderte sie, wehmüthig lächelnd auf englisch, als ob sie auch von den Damen verstanden zu werden wünschte:

„Ja, Mr. Gerhardt, ich habe die Absicht, nach Hause zu reisen. Mein Vormund ist so gütig, es mir zu erlauben. Die wundersame Krankheit des Heimwehs ist unheilbar über mich gekommen und . . .“

Sie stockte. Aber Mrs. Leslie nahm schnell das Wort und sagte pathetisch, doch mit Ironie.

„Des Menschen Wille ist sein Himmelreich!“

Das Souper wurde gemeldet und die Dame des Hauses trat ihren Gästen voran. —

Als Mr. Gerhardt sich empfohlen und die Familie nach dem Abendessen wieder auf der Veranda saß, brach Mr. Leslie plötzlich das drückend werdende Schweigen, indem er ruhig sagte:

„Du wirst natürlich bis zu Fräulein Arnolds Abreise hier in der Cottage bleiben, Mutter? Aber ich möchte Dich noch ganz besonders bitten, daß Du für die Bequemlichkeit und das Wohlbefinden meines Gastes“ — eine scharfe Betonung lag auf diesem Worte — „nach allen Seiten hin Sorge trägst. Denn ich selbst gehe, wenn der 12. Juli vorüber ist, auf einige Monate nach South=Carolina.“

Alicen kam die zunehmende Dunkelheit zustatten.

Sie war leichenblaß geworden und drückte ihren
kostbaren Fächer mit solcher Gewalt zusammen, daß
er in Stücke brach. Mrs. Leslie dagegen erwiderte
schnell gefaßt und ungemein freundlich, ihre Hand
auf den Arm Maria's legend:

„Gewiß, mein guter Sohn, kannst Du ver=
sichert sein, daß ich das thun werde! Fräulein Arnold
soll doch einen guten, angenehmen Eindruck von hier
mit hinüber nehmen. Aber sage mir, Harry, ist
denn Dein Entschluß, uns zu verlassen, so schnell ge=
kommen?" fügte sie mit einigem Zagen hinzu.

Mr. Leslie hatte seine klugen Augen gesenkt
und schien es beinahe, als setze ihn die Frage der
Stiefmutter in Verlegenheit. Doch schnell sich er=
hebend und einige Male rasch auf und ab schreitend,
sagte er scheinbar ruhig:

„Well, es sind nun beinahe sechs Jahre, seit ich
zuletzt in Charleston war, und es ist dringend
nöthig, daß ich auf meinen Plantagen einmal selbst
nach dem Rechten sehe. — Wann reisen Sie,
Fräulein Arnold?" wandte er sich an das junge
Mädchen.

Fräulein Arnold! Wie fremd und kalt klang
ihr jetzt dieser Name. Wenn er doch nur ein
einziges Mal „Ria" gesagt hätte! Also er begab sich
nun wirklich jedes Rechtes, über sie zu bestimmen

— jedes Band zwischen ihnen war für immer zer=
riffen! Aber warum ging er denn? Dieser Ge=
danke zuckte blitzartig in ihr auf! — Plötzlich war
es ihr, als athmeten die Lungen freier, als wäre der
schwere entsetzliche Druck vom Herzen ihr genommen,
als sähe das noch von Thränen trübe Auge strahlende,
im hellsten Sonnenglanze funkelnde Bilder in weiter
Ferne auftauchen. Es dünkte ihr, als höre sie
seine Stimme süße berauschende Worte sprechen und
er sprach sie zu ihr! Allmächtiger, was heißt das?
— Nein, welche Täuschung! — Nur eine zauberisch
schöne, schwüle amerikanische Mondnacht ist es, die
ihre Sinne umfangen hält. Die Lichter in der
Ferne, das sind Myriaden von Leuchtkäfern; den
Irrlichtern gleich tauchen sie spukhaft auf, um dann
schnell wieder zu verschwinden; und das Murmeln
der Stimme? Das ist das Meer, die endlos grau=
blaue Fläche vor ihr, sie flüstert bald zärtlich kosend,
bald schmerzlich klagend in herzberückenden gefähr=
lichen Tönen! Wollet Ihr etwa ein Geheimniß ver=
rathen, Ihr Wellen! Wollet Ihr weißen, im Mond=
strahl magisch zitternden Silberkämme etwa erzählen,
was ein stolzes Männerherz so fest verschließt, was
trotzige Mädchenlippen nie verrathen mögen? —

„Wann gedenken Sie abzureisen, Fräulein
Arnold?" fragte Mr. Leslie noch einmal, ihr dabei

näher tretend und sich etwas zu ihr hinabbeugend. Der fast verklärende Schein, welcher sich mit einem Male über das noch eben düstere Antlitz ausgebreitet hatte, machte ihn stutzig.

Noch wie traumumfangen fuhr Maria empor. Wo war sie? Was hatte sie eben gedacht? Abreisen? — O ja, nun schien ihr Alles klar; er und sie gingen Beide auf Nimmerwiedersehen auseinander, und dort saß ja Alice, zu ihr würde er frei und glücklich zurückkehren. Diese Trennungszeit war mit feinem Takte und Zartgefühl von ihm jetzt projektirt und wenn er heimkehrte, sollte jede, auch nur die leiseste Erinnerung an sein Mündel ver- wischt, gleich einem dürren Blatte, verweht im Winde sein. Kalt und fremd schaute sie daher zu ihm auf und sagte kurz, nur mit etwas vibrirender Stimme:

„Ich will den Steamer am 30. Juli be- nutzen, Mr. Leslie und habe deshalb an Fräulein Werner geschrieben, mit der Bitte, mich in Hamburg abzuholen."

„Dann werden Sie auf jeden Fall eine an- genehme Ueberfahrt haben. Der Hochsommer ist die rechte Zeit für eine Seereise," entgegnete er, wieder auf und abschreitend.

„Du selbst wirst aber doch nicht gar zu lange fortbleiben, Harry?" fragte mit mühsam unterdrücktem Schluchzen Alice. Ich hoffte so sehr, wir würden dieses Jahr einen recht vergnügten Sommer verleben und nun . . ."

„Geschäft geht vor Vergnügen, Kind!" sagte Mr. Leslie ernst, einen Moment seine Hand auf Alicens blonden Kopf legend. Die Damen müssen mich nun entschuldigen. Ich möchte noch einige Notizen für Mr. Ramsey aufschreiben, da ich mir von heute ab, etwas Ruhe gönnen und bis zu meiner Abreise in der Cottage bleiben will."

Grüßend trat er ins Haus.

„Es ist vielleicht gut, wenn er einige Zeit fort geht!" dachte Mrs. Leslie, während sie im Begriff stand, sich zur Ruhe zu begeben. „Die neuen Ein= drücke werden Maria's Bild erblassen machen — und wenn er wiederkommt —?!"

Neuntes Kapitel.

Glühende, fast sengende Strahlen auf die ver=
schmachtete Erde hinabsendend, stand die Sonne am
Firmament. Es war am Mittage des 12. Juli.
Die Hitze schien ihren höchsten Stand erreicht zu
haben und wirkte wahrhaft betäubend. Wer
nicht im Hause hinter fest geschlossenen Jalousien
einigermaßen sich bergen und schützen konnte, wen
die Berufspflichten hinausriefen auf die durch=
glutheten Trottoire des Broadways oder der langen
Avenues der Empire=City, der schlich, im Schweiße
gebadet, seinen ihm endlos erscheinenden Weg.
Täglich brachten die Zeitungen lange Berichte und
Namenlisten der am Sonnenstich Erkrankten oder
sofort Getödteten; täglich hörte man sagen, daß der
gegenwärtige der heißeste Sommer sei, dessen man
sich erinnern könne. Aber Alles das wiederholt sich
eben Jahr für Jahr und mag es wohl meist nur
der Fremde sein, welcher dann verzweifelte Stoß=

seufzer hören läßt, da der Amerikaner die großen,
wie die kleinen Miseren des Lebens mit erstaun=
lichem Gleichmuthe erträgt, und es keinerlei Ab=
normitäten für ihn zu geben scheint.

Heute jedoch zeigte sich der Himmel förmlich
weißglühend und auch nicht der leiseste Luftzug
brachte für Momente einige Erholung. Wer an
solch' einem Tage hinauskam auf die See, wem es
vergönnt ist, dort mit langen Zügen die köstliche,
salzige, Gemüth und Nerven neu belebende Luft
einzuathmen, der gehört unstreitbar zu den bevor=
zugten Geschöpfen.

Für den 12. Juli hatte Mr. Leslie die Probe=
fahrt mit seiner Yacht bestimmt. Zuvor versuchte
seine Stiefmutter einige schüchterne Versuche zu
machen, diese kleine Wassertour noch etwas auf=
— das heißt mit andern Worten — seine projekt=
tirte Reise weiter hinauszuschieben, da sie Harry
gar zu gern jetzt noch in Alicens verführerischer
Nähe gewußt hätte. Aber der Widerstand, auf den
sie bei ihm stieß, war ein so heftiger, seine Antwort
eine so ungewöhnlich schroffe, daß die stolze Frau sich
wieder einmal der zwingenden Gewalt beugen mußte.
Es gab ein Etwas in ihres Stiefsohnes Charakter,
dem gegenüber sie sich völlig machtlos, ja fast klein
und nichtig erschien. Sie wußte, daß, wenn Harry's

Züge jenen düsteren Ausdruck annahmen und er mit ruhiger Festigkeit, obwohl in höflichster Form, sie zurecht= und abwies, daß alsdann jede Aussicht unwiderruflich verloren war, ein derartiges Thema aufs Neue zu berühren. —

Um die zwölfte Stunde am Mittage sollte, den Anordnungen Mr. Leslie's gemäß, das Signal zur Abfahrt gegeben werden und das elegante zierliche Fahrzeug den Hafen verlassen, um an den lieblichen Küsten von Long= und Staten=Island vorüber, die unvergleichlich schöne Fahrt ins Meer hinaus zu unternehmen. Wie lange diese Vergnügungstour dauern würde, ließ sich im Voraus nicht gut und sicher bestimmen. Der kleine Steamer hatte sich demnach für einige Wochen verproviantirt. Indeß meinte Mr. Leslie, drei bis vier Tage würden ge= nügen, seine Gäste zu befriedigen, um so mehr, als anzunehmen war, daß bei dem Einen oder dem Anderen die Seekrankheit sich einstellen könnte. Er selbst, als leidenschaftlicher Anhänger des Wasser= Sports, hatte noch weiter gehende Pläne mit seiner Yacht. Wenn auch die eingetretenen Verhältnisse, wie seine projektirte Reise nach Süd=Karolina, das Vergnügen und die Freude daran etwas trübten, so wollte er doch auch einst — wie einer seiner Lands= leute, ein viel und oftmals genannter Herr es gethan

— eine Reise nach Europa damit unternehmen.
Mit allen erdenklichem Komfort ausgestattet, lag
das zierliche, aber doch feste Schiff schon einige Tage,
von Außen und von Innen funkelnagelneu aus=
staffirt, zur Abfahrt bereit; der Besitzer durfte in
der That stolz darauf sein. Aber Harry Leslie's
Gefühle waren heute Morgen, als er die Yacht be=
treten und durch die Matrosen mit einem lauten und
fröhlichen „Hurrah!" begrüßt worden, keine freudigen.
Ganz anders hatte er vor Wochen diesen Tag sich
vorgestellt und ausgemalt. Alles war jetzt vorüber
— der schöne Traum von Glück und Liebe ausge=
träumt! Das unruhige hoffnungs= und erwartungs=
volle Pochen seines Herzens hatte aufgehört. Konnte
das Leben ihm je noch etwas bieten? So spiegelglatt,
wie die stille Wasserfläche um ihn herum, sollten
seine Tage nun hinfließen, ohne Hoffnungen, ohne
jeden Reiz! — In ttefe Gedanken versunken, lehnte
er an der Brüstung des Vorderdecks, den leichten
Strohhut in der Hand, als ob die Sonne die
darunter feucht gewordenen Locken trocknen sollte.
Seine Blicke flogen hinauf nach den schlanken
Masten, an denen die weiß= roth= blauen Flaggen
schlaff und kraftlos, als seien sie lebensmüde, herab=
hingen. Ja, lebensmüde, das war auch er! Alles,
was einem Sterblichen an irdischen Gütern und

hervorragender Lebensstellung hier beschieden sein
konnte, das hatte die Vorsehung in verschwenderischer
Weise ihm verliehen. Nur das Eine, wonach seine
Seele in leidenschaftlicher Sehnsucht plötzlich ver=
langte — das Glück — die Liebe eines angebeteten
Weibes, das blieb ihm versagt. Und gerade weil
Harry Leslie, als Schoßkind des Glücks, sein Herz
durch Enttäuschungen und Entsagen nie gestählt
hatte, gerade darum besaß dasselbe keine Widerstands=
fähigkeit; schwer vermochte es sich nach diesem ersten,
ihn unvorbereitet treffenden Schlage wieder auf=
zurichten.

„Nun, Harry, was ist Ihnen? Sie machen ja
ein Gesicht, wie Sturm und acht Tage Regen=
wetter!" ertönte plötzlich eine ihm bekannte launige
Stimme neben ihm. Doktor Bodenhausen und seine
Frau hatten Mr. Leslie begleitet und es fehlten jetzt
nur noch Mrs. Leslie und die beiden jungen Damen.
„Die Hitze ist heute aber wirklich kannibalisch," fuhr
der alte Herr pustend fort, sich dabei die dicken
Schweißperlen von der Stirn trocknend. „Und seit
zehn Tagen keinen Tropfen Regen! Das halte der
Teufel aus. Well, heute und morgen, so lange
wir uns auf dem Wasser amüsiren wollen, muß es
natürlich noch schön bleiben; nachher mag es meinet=
halben plumpen vierzig Tage lang. Was denken

Sie denn eigentlich, Kaptän? Wird das Wetter halten?"

Kapitän Wilson, ein Engländer von Geburt, dem die Führung von Mr. Leslie Yacht anvertraut, war ein noch ziemlich junger Mann mit einem ansprechenden Gesichte und röthlich blondem Vollbarte. Nur zeigte der Blick seiner Augen einen fast unangenehm berührenden Grad von Selbstbewußtsein und Ueberlegenheit, was wohl zu der Vermuthung berechtigte, er müsse sowohl praktisch, als theoretisch in seinem Fache gründlich ausgebildet und erfahren sein.

Den Herren näher tretend, sagte der Kapitän lächelnd:

„Wir Seeleute lassen uns zwar nicht gern auf Wetterprophezeiungen ein, Doktor; doch hier haben wir es schon mit einem Faktum zu thun. Sehen Sie dort im Westen jene große graue, weißumsäumte Wolke! Die bringt uns einen Guß, vielleicht bald, möglicher Weise erst Abends."

„Ach, das wäre ja schrecklich!" rief Mrs. Bodenhausen lebhaft, welche das Gespräch der Herren gehört und sich denselben genähert hatte.

„Du bist doch nicht etwa ängstlich, Nellie?" fragte der Doktor, seine Gattin freundlich auf die Schulter klopfend.

„Allerdings wegen des Regens nicht ängstlich;

aber ohne Gewitter wird es heute nicht abgehen," war die zögernd gegebene Antwort. „Außerdem wäre es jammerschade, wenn wir des Genusses, den Abend hier oben zuzubringen, verlustig gingen."

„Ja, das kann kommen," meinte Doktor Boden= hausen, indem er zu Mr. Leslie heran trat. „Aber das state-room und die Schlafkabinen haben Sie, weiß Gott, prachtvoll herrichten lassen, Harry! Ihr Geschmack hat sich wieder einmal glänzend bewährt. Wirklich brillant! Nur auf Eines möchte ich mir er= lauben, Sie aufmerksam zu machen; ich meine die Möbel stehen nicht fest genug. Sie sollten sammt und sonders angeschraubt sein, wie bei den trans= atlantischen Steamers. Ein Spielzeug ist das Ding doch auch nicht —," dabei schlug er mit der Hand auf die Brüstung — „und wenn es einmal gründ= lich ins Schwanken kommt, dann purzelt Alles drunter und drüber."

„Sie mögen Recht haben, Doktor!" entgegnete Mr. Leslie nachdenklich. Die Worte des alten Freundes ließen offenbar beunruhigende Gefühle in ihm aufsteigen. Und wie um diese leise Sorge zu ver= scheuchen, setzte er schnell hinzu: „Vor der Hand unternehmen wir ja mit der Yacht nur Spazier= fahrten und für diese denke ich, stehen die Möbel fest genug. Kapitän Wilson fand doch das Arran= gement völlig all right."

„Ach der!" sagte der alte Herr einigermaßen spöttisch und leise, als spräche er nur für sich, während der junge Seemann seinen Platz auf der Kommando= Brücke wieder eingenommen hatte. „Der ist ja ein zweiter Nelson und versteht Alles hundertmal besser, als unser einer. Well, es war ja auch nur so eine Idee von mir und lassen Sie sich um Gottes Willen deshalb nicht irritiren, Harry!"

Den letzten Satz mochte der Angeredete wohl nicht beachtet haben; denn er sah scharf nach dem Landungsplatze hinüber. Die Yacht lag ungefähr einige hundert Yards von diesem entfernt vor Anker. Sein Auge hatte so eben bemerkt, daß dort Mrs. Leslie mit den beiden jungen Damen, von Ben und dem Gepäck gefolgt, das kleine Boot bestieg, welches sie nach dem Schiffe hinüber bringen sollte. Harry Leslie's Herz begann aufs Neue unruhig zu klopfen. Die bitteren Enttäuschungen, die schweren Kämpfe der letzten Tage und Stunden schienen für den Moment völlig vergessen. Denn, einem raschen Im= pulse folgend, zog er sein Taschentuch und schwenkte es zum freudigen Willkommen durch die Luft. Eine Viertelstunde später begrüßte er die Damen auf seiner Yacht.

„Was sagen Sie nun, Maria?" rief Alice, mit übermüthig funkelnden Augen das ernst und tief nachdenklich gewordene Mädchen scharf fixirend. „Ist das nicht eine köstliche Ueberraschung? Ich muß offen gestehen, daß mir mit dieser prächtigen kleinen Yacht ein längst gehegter Wunsch erfüllt worden ist. Darum gebettelt habe ich bei Harry schon seit Jahren, und als er vor einigen Wochen in seine Geheimnisse mich einweihte, da bin ich vor Freude beinahe närrisch geworden. Aber er hatte mir davon zu sprechen verboten; er wollte Sie damit überraschen. Sehen Sie nur, Maria, wie hier Alles blitzt und funkelt. Ich bin unmenschlich stolz darauf. Was werden nur Adams und Grays dazu sagen? Well, Harry ist einer der reichsten unter ihnen; daher kann er sich schon so einen kleinen Extra=Spaß erlauben."

Nach diesen Worten eilte sie auf ihren Stief= bruder zu und zog ihn alsbald in ein lebhaftes Gespräch. Maria blieb einige Minuten, wie ver= steinert, stehen. Jegliche Farbe war aus ihrem Angesichte gewichen und die großen Augen starrten träumerisch ins Leere. Es dämmerte gleich einer beängstigenden und zugleich beseligenden Ahnung in ihr auf, daß die Worte ihres Vormundes, welche sie vor Alicens Thüre damals erlauscht hatte, eine

ganz andere Bedeutung in sich schlossen, als sie
dieselben sich ausgelegt. Sie fühlte instinktiv, daß
sie selbst Monate lang in trostloser Blindheit einher=
gewandelt war. Einem intensiven blendenden Licht=
strahle gleich fiel es jetzt in ihre Seele und die
phantastisch verlockenden Bilder, welche ihr in jener
schwülen Mondnacht auf der Veranda die Sinne
umgaukelten, übten von Neuem eine dämonisch er=
greifende Wirkung auf sie aus. Das lang ver=
haltene Wehe ihres Herzens wandelte sich blitzartig
schnell in berauschende Wonne und Glückseligkeit,
und über die bebenden Lippen wollten sich kaum
unterdrückte Jubelrufe drängen. Aber nur die
Worte: „Allmächtiger! wenn er mich liebte!" hallten
wie ein banger Seufzer aus der übervollen Brust.
Es giebt Momente im menschlichen Dasein, die mit
dem Fühlen und Empfinden hier auf Erden wenig
gemein haben, in denen die Seele sich emporgehoben
dünkt in die Regionen des ewigen Lichts, Momente,
die, wie ein leises wundersames Klingen aus dem
Jenseits, noch unberührte Saiten im Herzen vibriren
lassen. Maria Arnold fühlte nur, daß ein großes
namenloses Glück die Brust ihr fast zu sprengen
drohte, daß alles Leid wie durch Zauberhand aus
ihrer Erinnerung plötzlich verwischt sei. Woher
kam das? Was hatte sich denn geändert? Noch

jagten wohl wilde formlose Gedanken durch ihr
Hirn; aber Eines wußte sie jetzt klar und sicher, in
unerschütterlicher Gewißheit, daß der Mann, welcher
dort drüben am Geländer der Kajütentreppe lehnte
und seine ernsten traurigen Augen mit müdem und
resignirtem Ausdrucke über die Meeresfläche schweifen
ließ, dem ihr heißes stolzes Herz seit Monaten schon
entgegenschlug, daß dieser Mann Alice Hennington
nicht liebe, niemals geliebt habe! Und ihm, grade
ihm hatte sie eine Beleidigung zugefügt, wie sie
niemals oder nur schwer vergeben werden kann.
Das jetzt so leidenschaftlich Ersehnte und Begehrte
war vor kurzer Zeit achtlos und verächtlich von ihr
zurückgewiesen worden. Und nun —?

Von Empfindungen überwältigt, das reizende
Antlitz von Thränen des Glückes oder der Reue
überfluthet, bog sich Maria hinaus über die Brüstung
des Schiffes. Niemand sollte und durfte ja ahnen,
was in ihrem Innern vorging, welche verzweifelte,
fast übermenschliche Anstrengungen es sie kostete, nun
der Welt ein ruhiges Aeußere zu zeigen. Das
brennende Wehe, den nagenden Schmerz der Eifer=
sucht hatte sie tief im Herzen verbergen können;
aber das Glück, das berauschende, kaum zu fassende
Glück still in sich zu verschließen, wie sollte sie das
zu Stande bringen?! —

„Fräulein Arnold!" sagte da plötzlich eine tiefe, ach so wohl bekannte Stimme neben ihr. Sich sofort umwendend, blickte sie in das ernste Gesicht ihres Vormundes, welches jedoch sich schnell verwandelte, als er die auffallende Verlegenheit und Verwirrung in ihren Zügen wahrnahm. Jetzt, wo die dunklen Augen, aus denen jeder Stolz und jede Herbheit spurlos verschwunden waren, so zutraulich zu ihm emporschauten, da vergaß auch er momentan das gezwungene kalte gegenseitige Verhältniß, wenn von einem solchen zwischen ihnen überhaupt noch die Rede sein konnte; Blicke, welche die lang unterdrückte Leidenschaft kaum verhehlten, richteten sich in verzehrendem Feuer auf das bald erglühende, bald tief erblassende Mädchenangesicht und in fast zärtlich flehenden Lauten kam der Name: „Maria" über seine Lippen. Sie hatte, wie sie es so oft that, wenn sie ihm gegenüber stand, die schönen Augen aufs Neue gesenkt. Nun aber scheute sie sich, seinem Blick zu begegnen.

„Maria! Ich weiß, daß eine tiefe, nie zu überbrückende Kluft zwischen uns liegt, die durch die Verhältnisse, vielleicht durch ein einziges Wort gerissen wurde. Ich weiß ferner, daß ich es nicht verstanden habe, mir das Vertrauen, noch die Freundschaft des Kindes Richard Arnolds zu erwerben·

Beides ist unwiederbringlich für mich verloren, in
dem Momente verloren gegangen, wo ich in meiner
Verblendung ein stolzes Luftschloß mir aufbaute.
Ich bin ein anmaßender verwegener Thor, ein eitler
Egoist gewesen, bis" — er zögerte — „bis zwei
trotzige rosige Lippen mir offenbarten, daß Frauen=
gunst erworben, daß ein deutsches Mädchenherz er=
rungen sein will!! Maria!" Wieder bog er sich
etwas zu ihr hinab und dieses Mal begegnete sie
einem verzehrenden Gluthblicke dieser kalten grauen
Augen. Der rosa gefütterte große Sonnenschirm
senkte sich daher mehr und mehr über das reizende
Angesicht hinab; doch an den kleinen bebenden
Händen, die ihn hielten, gewahrte er, daß die volle
Bedeutung seiner Worte ihr klar geworden; und
das wollte er ja. Sie sollte, durfte nicht gehen,
ohne zu wissen, wie tief und unheilbar die Wunde
seines Herzens sei, wie sie blutete und schmerzte.
Maria würde jetzt doch wenigstens gut, — in Mit=
leid an ihn denken.

„Eine letzte Bitte habe ich noch an Sie," be=
gann er von Neuem. „Es wird Ihnen gewiß nicht
schwer sein, dieselbe zu erfüllen; denn sie ist an sich
so klein, Ihnen erscheint sie vielleicht lächerlich.
Meine Yacht hat noch keinen Namen. Kapitän
Wilson meint, das sei eine schlechte Vorbedeutung.

Doch bisher fand sich nicht die Gelegenheit, Sie
darum zu fragen, ob ich meinem innigsten Wunsche
folgen und das Schiff ,Maria' nennen darf? Wollen
Sie mir diesen Vorzug gönnen, als herbe — süße
Erinnerung an" — er langte nach den kleinen, sich
fest an den Griff des Schirmes klammernden Händen,
so daß dieser eine Schwenkung machte und das
rosig erglühte Gesicht frei gab — „an ein übereiltes
Wort? Nicht wahr, Sie gewähren mir diese Bitte,
Ria?"

Da tönte ja noch einmal dieser Name von
seinen Lippen. „Ria!" Wie heiß und sehnsüchtig
hatte es sie danach verlangt! Träumte sie denn
nicht, galt denn Alles, was er eben gesprochen,
wirklich ihr? Schon waren die rosigen Lippen halb
geöffnet, oder wollte sie nicht sprechen? Lag die
Gewährung nicht schon in dem zaghaften Schweigen?
Eine Antwort ward ihm nicht. Denn plötzlich stand
Alice vor Beiden. Die schlanken Finger der jungen
Frau handhabten in leidenschaftlicher Erregung den
Fächer, wiewohl die bleichen Wangen dieser Kühlung
nicht bedurften. Hinter einem Mastbaume versteckt,
hatte sie Mr. Leslie's nicht zu mißdeutenden englisch gesprochenen Worte erlauscht, Maria's zu-
nehmende Verwirrung mit haßerfüllten, funkelnden
Blicken beobachtet. Das, was sie vernommen, raubte

ihr den letzten Rest von Selbstbeherrschung. Wild blitzten die tiefblauen Augen und in den sonst kindlich weichen Zügen lag fast der Ausdruck einer Megäre, so daß bei diesem Anblicke Maria entsetzt einige Schritte zurücktrat.

„Du scheinst zu vergessen, Harry, daß Deine Gäste sehnsüchtig den Moment der Abfahrt herbei= wünschen. Kapitän Wilson wartet nur auf Deinen Befehl, und bleibt mir nichts Anderes übrig, als mich durch Unterbrechung Deiner vertraulichen Mit= theilungen einer Indiskretion schuldig zu machen. Siehst Du denn gar nicht, daß mittlerweile dort im Abend ein drohendes Wetter aufgezogen ist? Wir könnten längst aus der Bay hinaus und der gefährlicheren Nähe des Landes entrückt sein!"

Dabei musterte sie, boshaft lächelnd, das hell erröthete Gesicht des Stiefbruders, dessen Stirn sich bei diesen Worten in finstere Falten legte. Nicht die Mahnung an seine Pflicht, nicht die Erinnerung daran, daß die zur Abfahrt bestimmte Stunde längst verstrichen, trieb ihm das Blut nach den Schläfen, nein, die Ueberzeugung, daß Alice den leidenschaft= lichen Ausbruch seiner heiligsten, unerwiderten Ge= fühle Wort für Wort mit angehört, daß sie sich darüber lustig gemacht hatte, das empörte ihn aufs Aeußerste. Indeß war er auch ein Mann, der im

Handumdrehen sich wieder als Herr der Situation
fühlte. Fest und streng richteten sich daher die
grauen durchdringenden Augen einen Moment auf
die Stiefschwester, als wolle er damit jede weitere
Einmischung in seine Angelegenheiten verbieten.
Einer Entgegnung hielt er sie nicht einmal für
werth. Sich nur leicht verbeugend, schritt er hin=
über zur Kommandobrücke.

Kaum fünf Minuten später ertönte ein gellen=
der Pfiff, der kurze laute Klang einer Glocke und
mit gespannten Segeln fuhr das Schiff hinaus in
die See. —

Alice hatte nur zu recht gehabt. Im Westen
rückten in kaum denkbarer Geschwindigkeit die drohend
zusammengeballten Wolkenmassen schon herauf. Die
noch vor einer Stunde so klar am Himmel stehende
Sonne war bereits verdunkelt; über der weiten
Meeresfläche, wie über dem Lande lag eine unheil=
verkündende Stille, eine brütende dunstige Atmosphäre.

Die nach und nach am Ufer angesammelte und
dort zurückgebliebene Menschenmenge verfolgte neu=
gierig den sicheren Kurs des Schiffes. Es war ja
so natürlich, daß man auf Staten Island die erste
Fahrt von Mr. Leslie's Yacht, wenn auch nicht als
ein Ereigniß, doch als anregendes Schauspiel be=
trachtete. Nur einige erfahrene ältere Schiffer

zeigten mißbilligend und kopfschüttelnd darauf hin,
als sei gerade der Moment, vor Ausbruch eines
Sturmes mit voll ausgespannter Leinwand hinaus
ins Meer zu steuern, unverzeihlich schlecht gewählt.
Es war eben nur anzunehmen, daß der Kapitän
das Aufrücken des Wetters nicht so bald erwartete.
Nun strich über die Insel ein kurzer Windstoß,
dessen Gewalt die mächtigen, Staten Islands Ufer
zierenden Baumkronen widerstandslos sich beugen
mußten, nachdem die grau dämmerige Beleuchtung
bereits in ein fahles Gelb übergegangen war. Noch
ein zweiter, heftigerer folgte und der Sturm brach
los. Mit ganzer Macht war das Gewitter herauf=
gezogen. Kaum eine halbe Stunde seit Abfahrt
der Yacht mochte verflossen sein, und momentan
verhüllten nach der Richtung derselben zu schwere
Wolkenmassen jeden Ausblick. In rasender Wuth
peitschte jetzt der Sturm die See hoch auf, dann
zog er heulend und brausend wieder über die Masten
der im Hafen liegenden Schiffe hinweg. Unheim=
lich beleuchteten grelle Blitze die nun in Nebel und
Wolken gehüllte Gegend und folgte der Donner
Schlag auf Schlag. Endlich fielen auch die lang=
ersehnten Regentropfen, und alsbald öffneten sich
die Schleusen des Himmels, so daß die herabstürzen=

den Wassermassen sich mit dem weißen Gischte der hochgehenden Wogen vermischten.

Am Ufer waren nur noch wenige abgehärtete Seeleute zurückgeblieben, welche, mit den Elementen vertraut, das Unwetter nicht scheuten. Mit regem Interesse folgten sie dem wahrhaft großartigen Natur=Schauspiele, zugleich in der Voraussicht, im Momente irgend welcher Gefahr sofort Nothsignale zu geben. Wohl schien die erste Gewalt des Gewitters fürs Erste gebrochen zu sein. Nur in Intervallen fuhr noch ein greller Blitz über Staten Islands blühende Gärten und schon mehr aus der Ferne grollte der Donner noch herüber. Nach der Meeresseite hin begann das tief herabhängende Gewölk sich bereits zu lichten, so daß die gewaltigen Festungswerke des Fort Richmond und des Fort Hamilton allmälig wieder sichtbar wurden. Der Sturm aber brauste noch ununterbrochen und verderbenbringend fort. Da — plötzlich hallte der langgezogene Schall eines Schusses vom Leuchtthurm von Sandy=Hook herauf nach der Insel. Was war das? Ein Nothsignal! Gefahr für ein Schiff in der Bay!

Wie elektrisirt eilten einige der am Landungsplatze zurückgebliebenen Schiffer nach einem etwas höher gelegenen Aussichtspunkte, um freiere Blicke auf das Meer zu gewinnen; andere gaben Befehle und trafen Anordnungen betreffs der Rettungsboote. Vorläufig war man noch zweifelhaft, ob in oder außerhalb der Bay einem Fahrzeuge Unheil drohe, als plötzlich eine, das Heulen des Windes über= tönende Stimme rief:

„Großer Gott, die Yacht! Mr. Leslie's Yacht liegt um!"

„Wo? Wo?" schrie es sofort durcheinander. Denn es war schwer, selbst mit dem bewaffneten scharfen Auge eines Seemannes in größerer Ent= fernung etwas zu erkennen.

„Dort links!" antwortete die erste Stimme wieder. „Seht Ihr es denn nicht? Sie kann nicht mehr auf. Eine Böe hat die Segel erfaßt und die Yacht ganz auf die Seite gelegt. Himmel! Das giebt ein Unglück — bei dem Unwetter! Ich habe schon bei der Abfahrt für sie gefürchtet!"

In wenigen Augenblicken hatte die traurige Nachricht am Lande sich verbreitet.

„Mr. Leslie's Yacht in Gefahr! Eilet! Rettet, ehe es zu spät ist."

So ging es von Haus zu Haus, und sofort bestiegen die beherzten Schiffer von Staten Island die Rettungsboote, trotz des rasenden Sturmes sich hinüber zu wagen, da glücklicher Weise, wie nach und nach ersichtlich wurde, das Schiff vielleicht nur drei Seemeilen vom Lande entfernt lag.

Und genau, wie jenes scharfe Seemannsauge es zu erkennen vermeinte, so verhielt es sich mit dem noch vor kaum einer Stunde so stolz und selbstbewußt hinaussteuernden kleinen Fahrzeuge. Eine Böe — gefährliche, an den Küsten von Long- und Staten Island sehr häufig vorkommende Windstöße — hatte die Yacht mit solcher Vehemenz erfaßt, daß sie fast auf der Seite lag und die hochgehenden Wogen bereits über Bord schlugen. Niemand auf dem Schiffe wußte im Momente eigentlich, wie und wodurch das Unheil auf einmal hereingebrochen; Niemand hatte die furchtbare Schnelligkeit des aufziehenden Wetters beobachtet. Unter Mr. Leslie's Gästen herrschte die äußerste Verwirrung. Er allein schien seine Geistesgegenwart zu behalten. Doch mit Schrecken erschaute er die Situation, und sein angstvoller Blick suchte nach Maria. Sie war nicht auf Deck, mußte also wohl vor der Abfahrt in die Kajüte gegangen sein.

Hoch und immer höher schlugen schon die Wellen über die Brüstung. Mrs. Leslie schrie in furchtbarer Angst nach Alice und Mrs. Bodenhausen umklammerte todtenbleich den Arm ihres Gatten. So verstrichen einige qualvolle Minuten, bis unter unfäglichen Mühen eines der am Bord befindlichen Rettungsboote heruntergelassen und flott gemacht war. Mit fast übermenschlicher Kraftanstrengung brachten die tapferen Matrosen beide, heftigen Widerstand leistenden Damen in das ihnen so un= sicher erscheinende Schiffchen. Auch Doktor Boden= hausen wurde wider Willen mit fortgerissen. Da war kein Halten mehr; rette sich, wer kann!

Leichenblassen Antlißes stürmte Mr. Leslie vor= wärts nach der Kajütentreppe. Die Stöße wurden schon so bedeutend, daß er, bald rechts, bald links geworfen, nur sehr beschwerlich weiterkam. Jeßt endlich erreichte er das eiserne Geländer. Ein Saß — und er war die Treppe hinabgesprungen. Das Wasser rauschte ihm nach und überfluthete den prachtvollen Teppich.

„Harry, Harry! Rette mich!" ertönte plößlich neben ihm Alicens Stimme. Er sah das schöne Weib sterbleich und händeringend am Boden kauern. Die Fluth umspielte schon ihre Füße und die durchnäßten Sommerkleider hingen ihr, wie Lappen, am Körper.

„Wo ist Maria? Um Gottes Willen, wo ist sie?" stieß er nur in namenloser Angst hervor, ohne Alicens Bitten zu beachten. „Maria, nur Maria!" rief es in seinem Herzen. Sie mußte er retten und mochte Alles um ihn her in Stücke gehen. An der jungen Frau vorbei, welche vor der Kajüten=thüre am Boden lag, wollte er weiter hinein; doch dieselbe umklammerte mit beiden Armen seine Füße, laut schreiend:

„O Harry, wenn noch ein Funken Liebe für mich in Dir lebt, so rette mich! Lasse mich nicht elend hier ertrinken!"

Damit versuchte sie sich aufzurichten; denn das Wasser reichte ihr jetzt fast bis an die Kniee.

„Wo ist Maria? Gieb mir meine Füße frei, Alice!" rief er heftig, sich vergeblich von ihr zu be=freien suchend. „Halte Dich hier am Treppenge=länder fest und versuche eine höhere Stufe zu ge=winnen! Man wird Dich von Oben hören. Ich komme ja sofort mit Maria zurück."

„Nein, nein, ich lasse Dich nicht!" schrie das junge Weib wie wahnsinnig. „Maria ist schon längst oben; ich habe sie hier nicht gesehen. Willst Du denn durch Dein Zögern, daß wir Beide den Tod in den Wellen finden sollen?"

„Oben?" fragte Mr. Leslie aufathmend und wie von tödtlicher Angst befreit. „Weißt Du das ganz gewiß, Alice?"

„Ja, gewiß! O schnell, schnell, nimm mich hinauf! Ich sterbe, es ist vorbei mit mir!" Nach diesen Worten fiel sie ohnmächtig auf die Treppe zurück.

Die leichte Gestalt nun, einem Kinde gleich, auf den Arm nehmend, schleppte er sich, mehr kriechend als gehend, durch die Schwankungen immer aufs Neue zurückgeworfen, hinauf nach dem Deck. Aber dort — quer vor dem Aufgange — lag noch ein Mensch am Boden. Es war Ben, der treue Neger, welcher in furchtbarer Sorge nach seinem Herrn gesucht und, durch die fortwährenden Erschütterungen des Schiffes niedergeworfen, nicht wieder auf die Füße zu kommen im Stande war.

„Gott im Himmel, da sind Sie, Sir!" jubelte er freudig auf. „Aber wo ist Miß Mary?"

„Sie ist schon oben, Ben! Hier nimm mir Alice ab!" erwiderte Mr. Leslie, indem er seinen freien Arm dem alten Mann als Stütze bot und sich von der ihn fest umschlingenden Gestalt entwinden wollte. „Ich muß Maria hier auf dem Deck suchen!"

„Nein, Sir! Gehen Sie keinen Schritt weiter!" schrie Ben, entsetzt seine braunen Hände erhebend. „Miß Mary ist noch nicht oben! Das erste Rettungsboot ist fort, doch ohne sie. Ich weiß genau, daß sie mit Mrs. Hennington zur Kajüte hinabging."

Tödtlich erschrocken starrte Mr. Leslie den
Schwarzen bei dieser Nachricht an, und nur die
Worte: „Ich danke Dir, Du treuer Freund!"
drängten sich über die bebenden Lippen. Alsdann
schüttelte er die junge Frau, wie ein giftiges Reptil,
von sich ab und sprang abermals die Treppe zur
Kajüte hinunter. Unten angelangt, rief er indeß
noch einmal zurück:

„Wenn ich Maria rette, Ben, dann danke ich
Dir mehr als mein Leben!"

Das junge Mädchen befand sich wirklich noch
im Salon, wohin sie, kurz vor der Abfahrt der
Yacht, hochklopfenden Herzens geeilt war. Nur
einen Moment sehnte sie sich allein zu sein, hinweg
aus dem Bereiche von Alicens unheimlichen Augen.
Die Kajüte stand leer. Mrs. Leslie und die Doktorin
schienen wieder hinaufgegangen zu sein. Glühend
vor innerer Erregung, die Hand auf die Brust ge=
preßt, betrat Maria den elegant ausgestatteten Raum,
aus welchem ihr eine schwüle, drückende Luft ent=
gegenschlug.

Da erschütterte plötzlich ein furchtbarer Stoß
das ganze Fahrzeug. Sie taumelte vorwärts. Dann
folgte eine zweite noch heftigere Erschütterung. Im
selben Momente schlug auch der Spiegel, in tausend
Scherben zerspringend, klirrend zu Boden und der

schwere eichengeschnitzte Tisch, welcher inmitten der
Kajüte stand, sowie nach und nach auch die hoch-
lehnigen Stühle schoben und stürzten zur Seite, wo
Maria lag, so daß diese kaum noch Zeit gewann,
sich aufzurichten. Die verschiedenen Möbel bildeten
um sie herum eine förmliche Barrikade.

„Himmel, was ist denn geschehen!" rief sie in
wahrer Todesangst, sich, um nur einigermaßen einen
Halt zu haben, auf die äußerste Kante des Tisches
schwingend.

„Die Yacht sinkt, wir sind verloren!" tönte
von der Treppe her Alicens Stimme angstvoll zu
ihr herüber. Als Maria nach dem Salon hinab-
stieg, war die junge Frau ihr nachgeeilt, jedoch schon
bei dem ersten heftigen Ruck zusammengebrochen.

Klirrend sprangen alsbald auch die dicken
Glasscheiben des Oberlichtes und das hereinstürzende
Wasser überschwemmte im Augenblick fußhoch die
Kajüte.

„Alice! Ich bin von den schweren Möbeln
fast eingeklemmt, kann mich kaum rühren. O wenn
Sie glücklich nach oben kommen, schicken Sie bald
mir Hülfe!" bat Maria mit flehender Stimme.
Schluchzend erwiderte die junge Frau:

„Ich kann nicht hinauf. Gott erbarme sich!
Uns Beide hat man vergessen. O die schrecklichen

Stöße! Ich liege tief im Wasser; wir müssen er=
trinken!"

Darauf verstummte die Stimme, und nur die
Wellen rauschten und quollen in dem schwankenden
Schiffe unheimlich auf und nieder.

Jetzt schlug eine Woge schon bis an den Tisch,
bald darnach noch eine höhere. Maria bog sich,
um durch die Gewalt des Wassers nicht herab=
gerissen zu werden, soweit zurück, als sie es ver=
mochte. Allmälig fühlte sie ihre Kräfte erlahmen,
und noch immer keine Hülfe, keine Aussicht zur
Rettung. Minute auf Minute verrann. Wo war
Harry? Dachte er nicht an sie? Sollte sie hier
unten so ganz verlassen und vergessen sterben? Ent=
setzlich! War das nicht ihr Traum?!

Die Fluth stieg höher und höher. Schon
begann es in ihrem Kopfe dumpf zu brausen;
einmal noch flüsterten die erbleichten Lippen: „O
Harry, wie habe ich Dich geliebt!" Dann schlossen
sich die schönen Augen. Ist das der Tod? Wie
gelähmt und erstarrt waren ihr die Glieder. Sie
fühlte nichts mehr, und nur noch in der letzten
Herzensangst horchte sie auf, ob nicht durch das
laute Getöse des Wassers, durch das entsetzliche Toben
des Sturmes die Stimme eines Menschen zu ihr
hinüberklingen würde?!

„Allmächtiger Gott, da ist Maria! Sie ist be=
sinnungslos!" hallte es plötzlich laut in dem schauer=
lichen Raume und Mr. Leslie kämpfte und arbeitete
mit äußerster Anstrengung sich durch die wogende
Fluth. Die theure, so sehnsüchtig erwartete Stimme
drang an ihr Ohr, aber die Augen öffnete sie
nicht. Halb bewußtlos, nicht fähig, ein Lebenszeichen
von sich zu geben, kauerte sie auf dem Tische. Die
starken, muskulösen Arme schleuderten die umge=
stürzten schweren Stühle und sonstigen Möbel weit
weg, so daß das Wasser hoch aufspritzte. Wahre
Riesenkräfte verlieh ihm die entsetzliche Angst.
Wieder erschütterte ein Stoß das widerstandslose
Fahrzeug und machte es in allen Fugen krachen
und ächzen. Endlich — endlich war der Tisch, wo
sie saß und mit erstarrten Händen sich anklammerte,
erreicht. Die Wucht des Wassers, wie die Macht
des zu den zerbrochenen Fenstern gewaltsam ein=
stürmenden Windes ließen ihn fast zu Boden stürzen.
Ein einziger Sprung noch und er riß die kalte fast
leblose Mädchengestalt in seine Arme.

„Maria, mein Lieb, mein einzig' Glück! Du
darfst nicht sterben!" rief er mit bebender Stimme.
„Oder, wenn es sein muß, sterbe ich mit Dir! Das
Leben hat ohne Dich keinen Werth mehr für mich;
denn ich liebe Dich namenlos, heißer, als ein

anderer Mann Dich je wird lieben können. Aber
Du verstehst meine Worte jetzt nicht, Ria! Die
Todesangst hat Dir die Sinne geraubt!"

Fest hielt er die theure Last umschlungen und
kämpfte den immer beschwerlicher werdenden Weg
sich nun zurück. Die Fluth drohte ihn zu über=
wältigen, der starke Mann wankte. Da ertönte
Bens lauter Ruf von der Kajütentreppe her. Der
treue Neger war, nachdem er Alicen der Obhut
einiger Matrosen übergeben hatte, schleunigst zurück=
geeilt — und wahrlich, er kam zur rechten Zeit!
„Gott im Himmel! Sie leben Beide!" rief er jubelnd.
Nun das noch immer regungslose Mädchen in einen
seiner Arme nehmend, umschlang er mit dem andern
den geliebten Herrn. So gelangten sie langsam
vorwärts und erreichten endlich das Verdeck.

Momentan schien das Rasen des Sturmes nach=
gelassen zu haben. Nur ab und zu fuhr noch ein
heulender Windstoß über die Backbord=Seite des
unglücklichen Fahrzeuges. Von Staten=Island
waren mittlerweile die Rettungsboote angelangt und
über Bord sprangen von Kopf bis zu Fuß in
Wachstuch gekleidete Gestalten.

„Hier — schnell! Nehmt zuerst die Miß!"
schrie Ben aus Leibeskräften. Und alsbald versuchte
man die leichte Bürde, wenn auch immer noch mit

großer Anstrengung, in eines der Boote zu bringen. Die hochgehende und an dem Schiffe heftig brandende See machte das Anfahren an die Yacht äußerst beschwerlich. Mr. Leslie legte bei Allem, wie der geringste Matrose, selbst mit Hand an. Wäre Maria nicht an das Land zu bringen gewesen, sicher hätte auch er das Fahrzeug nicht verlassen. Denn man suchte und rief auf demselben ununterbrochen nach Kapitän Wilson, welchen seit dem Ausbruch des Orkans kein Auge mehr gesehen haben wollte.

„Ist denn der Kapitän nicht etwa schon drüben am Lande?" fragte Mr. Leslie, töbtlich erschrocken, nochmals von dem abstoßenden Boote hinauf.

„No, Sir! Er hat die Yacht nicht verlassen!" riefen zwei der zurückgebliebenen Seeleute hinunter und eilten zurück, den Vermißten zu suchen. Auf ihr lautes Rufen erhielten sie indeß keine Antwort. Todtenstille lag über der sinkenden Yacht, und nur unheimlich gurgelte das Wasser aus der Kajüte.

Als das Boot mit Maria und Mr. Leslie in Staten-Island an Land stieß, brach der erste schwache Lichtstrahl durch die mehr und mehr sich theilenden Wolken, und eine jubelnde Menschenmenge begrüßte die Geretteten. Im Nu jedoch verstummte die helle Freude, sobald Maria Arnold, bleich, mit durchnäßten Kleidern, nach dem nächsten Gebäude hinaufgetragen wurde.

„Sie lebt doch noch?" fragten besorgt einzelne Stimmen.

„Ja, Gottlob! Die Miß ist nur ohnmächtig," erwiderten die braven Seeleute und beruhigt zertheilte sich alsbald die Menge.

War Maria wirklich ohnmächtig? Hatte sie in der That nichts vernommen, was seit ihr Vormund sie gerettet, um sie her geschehen war? Hatte sie in dem kleinen schwankenden Rettungsboote seinen schützenden, zärtlich sie umfangenden Arm nicht gefühlt? — Nein, obwohl die Glieder ihr wie gelähmt, und das Blut noch wie erstarrt schien, bewußtlos war sie nicht, nur die Augen hatte sie fest geschlossen, als wolle sie den schönen, berauschend süßen Traum noch fortträumen, als wolle sie jetzt — jetzt, wo so viele profane Blicke auf Beiden ruhten, noch nicht in die seinen schauen. Todesangst und aller Schreck waren vergessen. „Er liebt mich, er liebt mich!" jubelte es nur immer und immer wieder auf in ihrem Herzen.

„Weiß Gott! Einen zweiten solchen Tag möchte ich nicht mehr erleben! Hinknieen, hinknieen hier auf dem blanken Fußboden müßten wir Alle und unsere Hände im demüthigsten Dankgebete emporheben!" rief Doktor Bodenhausen laut; aber die Stimme zitterte ihm vor innerer Erregung, und sein sonst so frisches Gesicht schien noch merklich bleich. „Der Allmächtige dort oben hat uns wieder einmal deutlich gezeigt und bewiesen, wie schwach und nichtig Menschenwille und Menschenwerk auf Erden ist!"

Der alte Herr befand sich hier in dem bescheidenen Häuschen eines Hafenwächters, wohin man das junge Mädchen eiligst gebracht hatte. Sorgenvoll war er zurückgeblieben, und wollte sie in ihrem bedauernswerthen Zustande nicht verlassen. Die drei anderen Damen waren soeben nach der Villa gefahren. Er selbst wartete auch noch auf Mr. Leslie, welchen die Sorge um den Kapitän augenblicklich am Landungsplatze festhielt. Mit liebevollem Ausdruck beugte der Doktor sich über die Gerettete, welche auf einem kleinen harten Sopha ruhte und eben zum ersten Male die großen Augen aufschlug.

„Nun, wie fühlen sie sich, Fräulein Arnold? Gott sei gelobt, daß Sie endlich wieder bei Besinnung sind!"

„O himmlisch fühle ich mich, Doktor!" entgegnete Maria mit verklärten Blicken zu ihm aufschauend.

„Was? Himmlisch!" schrie der alte Mann laut
und erschreckt auf. „Sie sind kaum erst dem elenden
Wassertode entronnen, noch über und über naß, wie
eine gebadete Katze, und das wäre himmlisch! Da
soll ein Mensch doch aus so einem neunzehnjährigen
Mädchen klug werden! Aber ich glaub's gern, daß
Ihnen jetzt wohler zu Muth ist, darling, als da
unten in dem nassen Grabe. Ganz kalt überläuft es
mich noch bei dem Gedanken daran. Der alte gute
Gott hat ja heute Großes an uns gethan! Doch
nächst ihm danken Sie nur Harry! Ihm allein!
Auf seinen Armen brachte er Sie angeschleppt —
bis hier herein; und auf das Sopha legte er Sie
nieder und deckte Sie vorsorglich zu, wie eine Mutter
ihr Kind. Einen zweiten solchen Mann kann man
mit der Laterne suchen in United-States und in
ganz Europa dazu!"

Maria hatte ihr nun rosig angehauchtes Ge-
sichtchen nach der Wand gekehrt. Des Doktors kluge
Augen ruhten gar zu forschend auf den lieblichen
Zügen. O, sie wußte es ja selbst nur zu gut, daß
einen besseren, edleren, schöneren Mann die ganze
Welt nicht aufweisen könnte.

Doktor Bobenhausen schritt in dem niederen
Zimmer ungeduldig auf und ab. Die Zeit des
Wartens für das völlig durchnäßte Mädchen dünkte

ihm etwas lang. Doch da trat schon Ben herein, mit einem langen warmen Mantel über dem Arm.

„Wo ist Dein Herr!" rief ihn der Doktor an. „Und wie steht es mit dem Wagen für das Fräulein."

„Mr. Leslie schickt diesen Mantel hier für Miß Mary und läßt sich entschuldigen, daß er sie nicht selbst zur Cottage begleiten könne. Der Wagen hält bereits vor der Thür. Jedoch der Kapitän wird vermißt. Keiner hat ihn mehr gesehen. Die Yacht ist bis zum Bugspriet unter Wasser. Gott sei der Seele gnädig!"

Erschrocken hatte Maria sich aufgerichtet und der Doktor faltete die Hände.

„Also ist doch ein Menschenleben zu beklagen," sagte er feierlich.

Wenige Tage nach jenem Ereigniß spülten die Wellen des Kapitäns Leiche an den Strand. — Hatte er Schuld gehabt an dem Unglück? Niemand wußte es genau zu sagen. Das Schicksal entzog ihn der irdischen Gerechtigkeit.

———

Zehntes Kapitel.

Eine stille ereignißlose Woche war seit dem Untergange der Yacht in der Cottage dahinge=flossen. Todesangst und der furchtbare Schreck hatten fast lähmend auf die Gemüther der Bewohner ge=wirkt. Erst allmälig begannen Mrs. Leslie und Alice sich davon einigermaßen zu erholen. Erstere besonders versuchte ihren Stiefsohn durch sanfte Worte über den Verlust des Schiffes, mehr jedoch noch über Kapitän Wilsons so jähes Ende zu trösten. Ihren besorgten Blicken dünkte es, als sei Harry jetzt, nach jener verhängnißvollen Begeben=heit, wenn möglich noch ernster und verschlossener geworden, als er es gewesen, nachdem Maria seine Hoffnungen so grausam zerstört. Mit Schmerz und innerem Grolle gewahrte sie aber, daß er Alicens Gesellschaft auf das Allerauffallendste mied und daß auch diese von ihrem Stiefbruder sich gänzlich fern=hielt. Die junge Frau war seit dem Unglückstage eine andere geworden. Das sonst so heitere blühende Geschöpf schlich still und scheu im Hause umher und beantwortete der Mutter Fragen nur ausweichend. Von ihrer eigenen Rettung sprach sie nicht; ebensowenig erwähnte sie der Maria's, welche durch eine keinesweges bedeutende Erkältung momentan an ihr Zimmer gefesselt wurde. Alice wußte ja nun, wie es kommen mußte, daß über ihre schwachglimmenden letzten Hoffnungsfunken die finstere schwarze Nacht sich herabgesenkt und dieselben erstickt hatte. Sie wußte ferner, daß die so verhaßte Nebenbuhlerin ihr mit der Versicherung, sie liebe Harry nicht, blos eine Komödie vorgespielt habe. Jener unglückselige Moment vor Abfahrt der Yacht auf dem Verdeck hatte sie belehrt, wie sehr Beide, ja Beide sich liebten! Anscheinend ruhig, aber todeswund im Herzen, fügte sich Alice Hennington nun in ihr grausames Schicksal. Ihrem Bruder begegnete sie nur zu den Mahlzeiten, wo er, finster und schweigsam, Mrs. Leslie's Fragen auffallend zerstreut erwiderte. Mit ihr selbst sprach er niemals. —

Doktor Bodenhausens erste Besorgniß, daß das bei Maria eingetretene Fieber einen bösen Charakter annehmen könnte, schwand jedoch bald. Nachdem sie seinen Anordnungen gemäß einige Tage im Bett

zugebracht hatte, war es jetzt nur noch eine leichte
Ermattung, wohl mehr in Folge des gehabten
Schreckens, welche das junge Mädchen in ihrem
Zimmer zurückhielt. Indeß kam der Doktor noch
täglich von New=York herüber, sich nach ihrem Be=
finden zu erkundigen. Und als er auch heute,
völlig befriedigt, von seiner jungen Patientin sich
verabschiedet hatte, trat er nach seiner Gewohnheit
einige Minuten noch in Mr. Leslie's Arbeitszimmer
mit den Worten:

„Sie ist wieder all right. Habe ihr erlaubt,
am Nachmittage eine Spazierfahrt zu machen. Nur
ein wenig blaß und nervös scheint sie mir noch.
Well, die rothen Backen werden bald wiederkehren,
davon bin ich überzeugt," setzte er mit einem be=
deutsamen Seitenblicke auf den jungen Handels=
herrn hinzu.

Dieser hatte sich in einen Sessel geworfen und
trommelte, halb verlegen, halb ungeduldig, auf den
Tisch. Die Worte des alten Herrn, der ihn scharf
fixirte, schien er kaum zu beachten. Mit einem
Male indeß richtete er sich auf und sagte lebhaft:

„Fast hätte ich vergessen, Ihnen den Auftrag
meiner Stiefmutter auszurichten. Wollen Sie uns
die Freude machen und mit Ihrer lieben Frau
heute Abend zum Thee herauskommen, Doktor?"

„Was ist denn los? Erwarten Sie Gäste?" war die etwas verwunderte Antwort.

„Ja! Mrs. Leslie fühlt sich veranlaßt, à conto der glücklichen Rettung ein Zauberfest zu geben," entgegnete Harry mit wehmüthigem Ausdrucke in seinen Blicken.

„Das ist recht, das freut mich!" versetzte Doktor Bodenhausen angenehm überrascht. „Hoffentlich wird dies die allgemeine Stimmung etwas verbessern. Nur keine Kopfhängerei! Den armen Wilson können wir dadurch doch nicht wieder lebendig machen. A propos, Harry, wie steht es denn eigentlich mit dem Dinge da?" und er zeigte aus dem Fenster nach dem Meere hinüber.

„Gestern habe ich das Wrack nach dessen Bergung sogleich verkauft," erwiderte er ziemlich ernst. „Wie ich hörte, will der jetzige Besitzer dasselbe zu einem Austern=Kutter umbauen lassen. Die innere Einrichtung ist fast total verdorben."

„Kann es mir denken," meinte der alte Herr, den Kopf bedauernd hin= und her wiegend. „Ja, das war ein kurzer Spaß und hätte überdies ein recht schlechter werden können. Mir wenigstens sind für lange Zeit alle Gelüste auf Wasserpartien gründlich vergangen."

Damit langte er nach seinem Hute. Auch Mr. Leslie erhob sich.

„Sie könnten mich eigentlich begleiten, Harry, da Sie heute doch wohl noch hinüber zur Office müssen. Wenn Sie wünschen, kann mein Wagen auch einige Zeit warten. Ich bin nicht pressirt."

„Nein, ich danke sehr, Doktor! Heute fahre ich gar nicht nach New-York, da ich vor meiner morgigen Abreise noch einige nothwendige und un=aufschiebbare Korrespondenzen erledigen muß; und außerdem . . . . ."

„Abreisen?!" unterbrach ihn Mr. Bodenhausen erschrocken. „Sie wollen doch jetzt, jetzt nicht fort? Mein Himmel wo denn hin?"

Mr. Leslie's Züge überflog ein leises Lächeln; dann sagte er kurz:

„Nach South Carolina auf meine Plantagen, für fünf bis sechs Monate. Wollen Sie vielleicht mit?"

Jetzt aber blieb der Doktor, wie versteinert, vor ihm stehen. Beide Hände auf seinen Stock stemmend, schaute er eine lange Weile stumm in des jüngeren Mannes Antlitz. Was bedeutete denn das?

„Nun, weshalb sehen Sie mich denn verwun=dert und beinahe erschrocken an?" fragte Mr. Leslie fast heiter. „Erscheint es Ihnen so überaus merk=

würdig, daß ich meine Besitzungen nach Jahren wieder einmal selbst inspiziren will?"

Immer noch schwieg der Doktor, aber um seine Lippen spielte jetzt ein halb verschmitztes, halb weh= müthiges Lächeln. Den Arm des jungen Freundes fest in den seinen nehmend, führte er ihn aus dem Hause hinaus, wo sein leichtes offenes Gefährt am Ausgange der Veranda vor der Treppe hielt. Dort gab er ihn frei und sah ihm fest in die Augen.

„Harry? Ich habe mir nie, nie erlaubt, auch nur mit einem Worte in Ihre Angelegenheiten hin= einzureden, noch mich in Ihr Vertrauen zu drängen. Sie wissen aber, daß ich Sie, wie einen Sohn liebe. Und deshalb thue ich es dennoch. Harry, ich warne Sie! Spielen Sie nicht mit Ihrem Lebens= glück! Reisen Sie jetzt nicht!"

Ein dunkles verrätherisches Roth hatte Mr. Leslie's Stirn bezogen. Dann sagte er kurz, fast rauh und einen tief schmerzlichen Seufzer, welcher seine breite Brust hob, kaum zurückdrängend:

„Ich muß es thun, Doktor, ich muß!"

„Well, wie Sie wollen. So weit also reicht meine Praxis nicht," erwiderte ärgerlich der alte Herr. „Auf heute Abend!"

Er stieg auf und fuhr davon.

Als Mr. Leslie nach dem Hause sich umwandte und mit widersprechenden Gefühlen die Treppe emporstieg, trat Ben soeben aus der Thür. Seinem Herrn einige Schritte entgegengehend, sagte er in leisem, fast geheimnißvollem Tone, während helle Freude aus dem gutmüthigen dunklen Gesichte hervorleuchtete:

„Miß Arnold sendet mich herunter, ob es Mr. Leslie nicht störend sei, wenn sie ihn für eine halbe Stunde zu einer Unterredung in ihr Zimmer bitten ließe?"

Ueberrascht blickte er auf.

„Miß Arnold wünscht mich zu sprechen? Hast Du sie denn gesehen, Ben?"

„Yes, Sir! Sie befahl mich hinauf und dort erhielt ich den Auftrag aus ihrem eigenen Munde," entgegnete der alte Neger, f.. meine Plantagen,
Brust werfend.   Sie vielleicht

„Gewiß werde ich kommen.
weilen an, Ben!"

Mit diesen ruhig gesprochenen Worten schritt Mr. Leslie vorwärts, jedoch langsam und fast zögernd die Treppe zu dem oberen Stockwerke der Villa hinan. Zwar schlug sein Herz etwas höher bei dem Gedanken: Maria nun zum ersten Male seit jener Stunde in der Kajüte, — seit er sie leblos

in seinen Armen gehalten — wiederzusehen; allein
er mußte ja im Voraus, weshalb sie ihn jetzt zu
sprechen wünschte. Danken wollte sie ihm, das war
Alles!

Das junge Mädchen ruhte in einem tiefen
Lehnsessel, sprang indeß bei seinem Eintritte sofort
auf und ging ihm entgegen. Ja, bleich war sie
freilich noch, wie Doktor Bodenhausen ihm gesagt.
Aber es schien dennoch, als leuchteten die braunen
Kinderaugen heute so eigenthümlich erregt. Nach=
dem sie schüchtern ihm die Hand dargereicht hatte,
sagte sie einfach, dabei voll zu seinem Gesichte auf=
blickend:

„Sie haben nun mehr Ihr eigenes Leben für
das Kind Richard Arnolds eingesetzt, Mr. Leslie!
Ohne Sie läge ich jetzt dort unten in dem nassen
Grabe.“ Dabei deuteten ihre Finger hinaus zum
verflossenen Tage dachte und
nach, mit welchen Worten ich
Alte! Ich finde keine. Wie arm ist
doch unsere Sprache und Ausdrucksweise im Ver=
gleiche zu dem, was in überquellendem Dankesge=
fühle das Herz uns so mächtig erfüllt!“

Mr. Leslie's heiße Blicke umfaßten die schöne
Gestalt. Warum trat sie ihm nur immer von
Neuem in ihrem bezaubernden Liebreize entgegen?

Wollte sie die Foltern seines zerrissenen Herzens
endlos ausdehnen? Gehörten da nicht noch andere
Kräfte dazu, als er sie besaß, diese Tantalus=
Qualen zu ertragen? Im Momente fand er keine
Antwort. Daher setzte sie schnell hinzu:

„Ich weiß Alles, Mr. Leslie! Glauben Sie
denn, daß Ihre hochherzige That mir verborgen
bleiben würde?“ Eine reizende Verwirrung breitete
sich, während sie dies sagte über ihre Züge aus.
Die Augen niederschlagend und zögernd fuhr sie
nach einer Pause fort:

„Aber nicht allein die Ungeduld, Ihnen zu
danken, quälte mich in all' den letzten Tagen. Noch
etwas Anderes möchte ich mit Ihnen besprechen,
Mr. Leslie, obwohl es mir schwer, sehr schwer wird,
meine Worte in die rechte Form zu kleiden!“

In den Anblick des reizenden Mädchengesichts
völlig versunken, mochte er den ersten Theil ihrer
Rede kaum beachtet haben. Nun jedoch hingen seine
Blicke mit stummer Frage an ihren rosigen Lippen.
In ihrer graziösen ruhigen Weise deutete sie indeß
zuvor auf einen Sessel und nahm selbst ihm gegen=
über Platz.

„Ihre Worte überraschen mich, Fräulein Arnold!
Denn es handelt sich offenbar um eine Bitte. Wie
Sie wissen, betrachte ich Sie seit — seit einiger Zeit

als meinen Gaſt. Es wird mir daher ein Ver=
gnügen ſein, dieſelbe zu erfüllen, natürlich, ſo weit
es in meiner Macht ſteht. Sie wünſchen wahr=
ſcheinlich Ihre Abreiſe zu beſchleunigen?"

„O nein, Mr. Leslie! An dieſe denke ich im
Momente gar nicht," entgegnete ſie lebhaft. „Und
doch möchte ich noch einmal jenes für uns Beide ſo
peinliche Thema berühren. Ich empfinde es nun
ſchmerzlich, daß ich Sie damals in ſo heftiger,
ſchroffer, faſt beleidigender Weiſe zurückgewieſen habe,
indem Sie doch nur einzig und allein Ihre Pflicht
erfüllten. In meiner Kurzſichtigkeit, in meinem
kindiſchen Stolze erſah ich daraus nur die Be=
ſchränkung einer ſehnſüchtig und thöricht erwünſchten
Freiheit; nur an mich ſelbſt dachte ich, nicht daran . . ."
ſie ſtockte — „Ich möchte heute mein Unrecht gern
wieder gut machen, Mr. Leslie!" ſetzte ſie tief er=
röthend hinzu, ohne den angefangenen Satz zu
beenden.

„Können Sie denn wirklich Jemand um Ver=
zeihung bitten, Maria?" fragte er halb ſcherzend
ſich ein wenig vorbeugend und ihr ſcharf in die
Augen ſehend. Allein ſeine Stimme bebte merklich
und eine erwartungsvolle Unruhe ſpiegelte ſich in
den männlich ſchönen Zügen ab.

„Gewiß kann ich das!" erwiderte sie ernst.
„Sie halten mich natürlich für hartherzig und starr=
sinnig, vielleicht nicht ganz mit Unrecht; aber Sie
sollen mich nicht auch für ein undankbares Geschöpf
ansehen. Seit dem Tode des Vaters war der Ernst
des Lebens nie an mich herangetreten; nie wollte ich
die Ueberzeugung gewinnen, daß ein junges Mädchen
in meiner Lage eines Haltes, einer festen Stütze be=
dürfe. Nun weiß ich, wie schutz= und hülflos das
Weib sein kann! Und solchen mir freundlich ge=
botenen Schutz habe ich schroff zurückgewiesen, des
Vaters letzten Wunsch mißachtet!" Aufs Neue
zögerte sie und sah in fast athemloser Spannung zu
ihm hinüber. „Wollen Sie jetzt alle meine herben
Worte von damals vergessen, wollen Sie diese Ihnen
einst bestimmte Hand heute annehmen, Mr. Leslie?"

Vor Schreck und Staunen fassungslos, erbleicht
bei dieser Frage, war er emporgesprungen. Das
hatte er nicht erwartet! Für Sekunden brach ein
heller Strahl aus seinen Augen und es schien
beinahe, als wollte er die schüchterne Mädchengestalt
in seine Arme schließen; allein schnell gefaßt, sah er
ihr eine geraume Weile ins Angesicht, wie um tief
im Innersten ihrer Seele zu lesen. Dann trat er
einige Schritte zurück und sagte mit schlecht ver=
hehlter Bewegung:

„Nein, nein, Maria! Dieses Opfer wäre zu
groß! Ich könnte, dürfte und Gott im Himmel
weiß es! ich möchte es annehmen; aber ich thue es
nicht, weil ich mein Glück auf Kosten des Ihren zu
erkaufen nicht im Stande bin. Verächtlich würde
ich dann mir selbst erscheinen. Niemals werde ich
dasselbe verlangen! Ihr edles Herz möchte mir seinen
Dank beweisen. Sich selbst wollen Sie opfern und
einem ungeliebten Manne die Hand zum Bunde
reichen. Doch auch ich bin stolz, auch in meiner
Brust rührt sich dieses Etwas, von welchem Sie vor
Wochen gleichfalls so vorwurfsvoll gesprochen. Ich
will kein Weib, indessen Herzen nur Mitleid —
Erbarmen — oder die Gefühle des Dankes allein
sich regen!" rief er in heftiger Aufwallung, die
Hand zur Abwehr gegen sie erhebend. „Ungetheilte,
heiße Liebe verlange und ersehne ich, aber ich er=
bettle sie nicht! Deshalb dürfen Sie mich mit karg
hingeworfenen Brosamen nicht demüthigen. Darum
danke ich Ihnen, Maria!"

Todtenbleichen Antlitzes hatte sich auch das
junge Mädchen von dem Sitze erhoben. Sie kämpfte
einen schweren Kampf. Opfer?! O warum war er
nur so blind! Wenn ihm seine innere Stimme nicht
sagte, daß sie ihn liebe, sie konnte, wollte es nimmer.
Obwohl ihr besseres Selbst sie mächtig dazu drängte,

die volle Wahrheit ihm zu enthüllen, der Stolz, Maria's unbeugsamer Stolz lehnte sich dagegen auf. Jetzt, nachdem er fast hart sie zurückgewiesen, sollte sie ihm zurufen: „Harry, vergieb, aber ich liebe Dich!" Nein, nein, das wäre demüthigend! Hoch= aufgerichtet und kalt stand sie vor ihm und nicht ein Zucken ihres Auges verrieth die Empfindungen des leidenschaftlich aufwallenden Herzens, als sie mit frostigem Tone sagte:

„Sie haben Recht, Mr. Leslie! Das Glück eines ganzen Lebens ist zu werthvoll, um durch eine übereilte Regung, ein falsch angebrachtes Dankge= fühl auf das Spiel gesetzt zu werden. Möge aber die heutige Stunde keinen trüben Schatten auf unsere Freundschaft werfen!" setzte sie weicher hinzu. „Wenn ich längst wieder in der Heimat bin, so werde ich doch stets in dankbarer Erinnerung an den Retter meines Lebens zurückdenken!"

Und freundlich reichte sie ihm ihre Hand. Einen kurzen Moment hielt er die kleine Rechte fest umschlossen, als könne er dieselbe niemals mehr frei= geben. Doch alsbald legte ein bitterer Zug sich um seinen Mund und fast ironisch sagte er:

„Gewiß wollen wir in Freundschaft scheiden, Fräulein Arnold! Das ist stets ein so bequemes Abschiedswort für Menschen, welche sich auf dieser

Welt nichts mehr zu sagen haben. Weshalb sollte
es denn auch nicht sein?" fügte er mit gezwungenem
Lächeln hinzu. „Es steht einmal nicht in unserer
Macht, den Wunsch Richard Arnolds zu erfüllen.
Giebt es nicht so unendlich große Irrthümer im
Menschenleben. Darum prüfe wer sich ewig bindet!
Darin liegt so viel Wahres und müßte der Aus=
spruch Ihres großen Dichters gar Manchen vor
Thorheiten behüten!"

Er sprach haftig, als wolle er unter gleich=
gültigen Worten die fieberhafte Aufregung seines
Inneren verbergen. Da Maria nur stumm den
Kopf neigte, fuhr er sogleich fort:

„Morgen in der Frühe reise ich nach dem
Süden. Unsere Lebenswege trennen sich von nun
an aufs Neue. Werde ich später einmal von Ihnen
hören, Maria?"

„Ja, Mr. Leslie, das sollen Sie stets!" war
die leise gegebene Antwort, während zwei auf=
quellende Tropfen die braunen Kinderaugen ver=
dunkelten. Er sah es nicht; ebensowenig gewahrte
er, daß die süßen Lippen fast gewaltsam sich wieder
schlossen, um damit verrätherische Laute zurückzu=
drängen. „O Harry, reisen Sie nicht!" hatte es
sich in namenloser Herzensangst hervorpressen wollen.
Aber gesprochen wurden diese Worte nicht. Nur

wie im Traume hörte sie noch sein Lebewohl, fühlte
den kurzen festen Druck der kräftigen Hand; dann
war er fort! —

„Ist das das Ende!" rief Maria unter lautem
Schluchzen in einen Sessel sinkend. „Soll dieses
wirklich das Ende sein? Nie mehr soll ich ihn
wiedersehen, niemals mehr die geliebte Stimme
hören? Einsam und trostlos wird fortan mein
Leben dahinfließen — und warum? Weil ich zu
stolz war, ihm die Gefühle meines eigensinnigen
Herzens zu verrathen! Deshalb sollen wir nun
Beide ein jammervolles Dasein mit uns herum-
schleppen? Ist das nicht Wahnsinn?"

Den Kopf auf die Hand gestützt, lehnte sie eine
Zeitlang bewegungslos im Sessel und blickte mit
schwermüthig sinnenden Augen aus dem Fenster.
Lachender Sonnenschein und süßbetäubender Blüthen-
duft drangen zu ihr hinein. Das tiefblaue Meer
breitete wie ein saphirner Spiegel in endloser Ferne
sich vor ihr aus; gleich sanfter monotoner Musik
klang heute sein Rauschen. Aber Glück, Sonnenschein und Lebensgenuß waren nicht für sie da!
Sie hatte ja entsagt — aus kindischem Trotze entsagt! —

Doch mit einem Male belebten sich Maria's

Züge, und ein wundersames Lächeln spielte um den
schönen Mund.

„Ich wüßte wohl einen Ausweg," flüsterte sie
leise, während die Wangen ihr dabei rosig erglühten,
„einen einfachen Ausweg, der all' diesen Jammer
im Nu in seliges Entzücken verwandeln würde! Ein
einziges Wort nur kostete es mich — könnte ich es
denn über meine Lippen bringen? Ist Solches eines
deutschen Mädchens nicht unwerth? O, wie hängt
Alles in meinem Leben doch immer nur an einem
Worte! — Dem Vater hat er es einst gegeben,
Jahre und Jahre ihm treu gehalten, bis ich mit
frevelhafter Hand dieses Band zerriß. Und jetzt
soll ich es sprechen — das erlösende Wort, das all'
mein Glück hinieden in sich schließt! Ja, ich will
es! Demüthigen will ich mich — zum ersten Male
in meinem Leben — aber nur allein für Dich,
Harry!"

Als ob nun Energie und neue Lebenskraft in
sie gekommen wäre, sprang Maria auf und schritt
dicht an das weitgeöffnete Fenster. Unten vor dem
Gitterthor der Cottage hielt der Reitknecht Mr. Leslie's
Pferd am Zügel, und wenige Minuten später trat
er selbst aus dem Hause, um dasselbe zu besteigen.

„Wie ernst und traurig er aussieht, als sei

nun jeder Funken Lebensfreude für ihn erloschen!
Und vor diese Augen soll ich treten? Ja, ich will
es!" rief Maria mit strahlenden Blicken. „Ich setze
mein Glück auf eine einzige Karte, und sie wird
gewinnen!"

Elftes Kapitel.

Die, wenn auch im Vergleiche zu dem Palaste in New-York nicht großen, so doch äußerst eleganten Räume der Leslie'schen Cottage in Staten-Island waren am selben Abende glänzend erhellt, und die zahlreich darin versammelte Gesellschaft konversirte lebhaft in den Salons, theils auf der Veranda, wie im Garten. Mrs. Leslie verstand es von jeher meisterhaft, für das Vergnügen ihrer Gäste zu sorgen; aber sie liebte es auch zu glänzen und in ihrem Kreise als belebendes Prinzip betrachtet zu werden. Heute indeß schien sie ganz besonders guter Laune zu sein. Denn wie Harry ihr noch vor wenigen Stunden mitgetheilt, stand der Abreise Maria Arnolds nun nichts mehr im Wege. Ihn selbst hätte sie freilich gern noch etwas zurückgehalten. Doch er kehrte ja wieder, und dann war das Feld frei, die Hindernisse beseitigt.

Durch die hohen geöffneten Fenster schallten die fröhlichen Stimmen der Jugend vom Garten herein.

Vorzüglich war es Alicens helles, fast schrilles Ge=
lächter, welches Mrs. Leslie öfters beunruhigt und
besorgt hinausblicken und ihr Mutterherz ängstlich
klopfen ließ. Was bedeutete jetzt auf einmal diese
erzwungen=heitere Stimmung, nachdem die junge
Frau in den letzten Tagen niedergedrückt und
schweigsam einher gegangen war? Und heute Nach=
mittag stand sie da draußen im Garten, von glänzen=
den Gewändern umflossen, strahlend schön, wie nur
je in ihrer glücklichsten Zeit. Das goldlockige Haar
schmückten Rosen — Blumen, von denen sie einst
scherzend gesagt, daß sie nur für sie allein erblühten.
Schon hoffte Mrs. Leslie, daß ihr Stiefsohn sich
Alicen wieder genähert hätte, als sie auch im selben
Momente wahrnahm, wie diese einem stattlichen
großen älteren Herrn mit glatt frisirten dünnen
Haaren und dem Ausdrucke eines Bonvivants in
den etwas verlebten Zügen, hinreißend liebenswürdig
die Hand entgegenreichte und ihm augenscheinlich
etwas sehr Angenehmes sagte. Frappirt stutzte die
Mutter. Wenngleich Mr. Wording als eine der
glänzendsten Partieen New=Yorks galt, wollte sie
dennoch um keinen Preis jetzt schon ihrem Lieblings=
wunsche entsagen. Was war mit der Tochter vor=
gegangen? Die lebhafte Freude in Mr. Wordings
Antlitz belehrte sie bald über dessen innerste Ge=

banken. Man konnte es kaum anders deuten, als
daß er den Wunsch hege, diese reizende Hand für
immer zu besitzen.

Auch der deutsche Maler Adolf Gerhard mochte
wohl dasselbe bemerken. Denn an eine der Säulen
gelehnt, welche das Dach der Veranda trugen, blickte
er mit finster zusammengezogenen Brauen und
schmerzhaft verzogenen Lippen hinüber nach dem un=
gleichen Paare. Die Sonne seines Glückes begann
allmälig zu versinken. Alice Hennington war für
ihn verloren!

„Wirklich, Mr. Wording, Sie wollen also für
die nächste Zeit unser Kavalier sein?" rief die
junge Frau laut, in anscheinend freudigster Ueber=
raschung. Aber die blauen Augen flogen scheu nach
ihrem Stiefbruder hinüber, welcher in Gesellschaft
einiger Herren nicht weit von ihr rauchend an der
Gartentreppe stand. „Das ist herrlich, und ich bin
nun vollkommen beruhigt, da ich schon fürchtete,
wir würden nach der Abreise ‚meines Bruders‘,
(eine eigenthümliche, beinahe heftige Betonung lag
in diesen Worten), wie die Einsiedler hier leben
müssen, und ich sehne mich doch so sehr danach, mich
nach Herzenslust zu amüsiren. Das schauerliche
Yacht=Unglück hat gleich einem Alp auf mir gelegen.

Das ist nun, Gott Lob! überwunden — total über=
wunden!"

Ein schrilles Lachen schloß ihre Rede.

Mr. Leslie warf noch einen kurzen prüfenden
Blick auf seine Stiefschwester, einen zweiten hinüber
nach dem jungen Deutschen — und er wußte genug.
Alice würde binnen Kurzem dem Millionär die
Hand reichen — und Adolf Gerhard? Well — der
kehrt nach seiner Heimat zurück. „An einem ge=
brochenen Herzen stirbt Keiner!" dachte er seufzend,
indem er die soeben angezündete Cigarre wieder
fortwarf. Doch plötzlich schlug des Doktors Stimme
an sein Ohr. Der alte Herr ging, nicht weit von
ihm entfernt, an Maria's Seite unten im Garten
auf und ab.

„Sie müssen es mir, als Ihrem Arzte, schon
verzeihen, Fräulein Arnold, wenn ich manchmal
etwas eindringlich — oder sagen wir lieber: indis=
kret — um das Wohlbefinden meiner Patienten mich
erkundige. In den letzten Tagen, ja sogar heute
Morgen noch, machten mich Ihre so auffallend bleiche
Gesichtsfarbe, die dunklen Ringe um die Augen
ängstlicher, als ich Ihnen gegenüber äußern wollte.
Und an dem jetzigen Nachmittage werde ich, weiß
der Himmel an meinen eigenen Augen irre. Sie
sind ja wahrhaftig ganz umgewandelt, ich möchte

ben abgeſchmackten Ausbruck gebrauchen, wie ver=
klärt! Das ganze Geſichtchen ſtrahlt förmlich in
Freude und Geſundheit! Iſt das nun ein natür=
licher, oder krankhafter Zuſtand?"

Dabei legte er einen Augenblick ſeine Hand an
des Mädchens Puls.

„Nein, Doktor, keine Spur von Fieber!" lachte
Maria heiter auf. „Warum ſoll denn nicht jeder
Menſch einmal ſeinen ganz beſonders guten Tag
haben?"

„Na, da muß wahrhaftig heute ſo ein Glücks=
tag für Sie ſein, Fräulein Arnold!" ſagte der alte
Herr mit einem komiſch=pfiffigen Geſichtsausbrucke,
indem er über die Brille hinweg forſchende Blicke
nach dem jungen Mädchen warf.

„Glauben Sie?" entgegnete dieſe, ihn ebenfalls
ſchelmiſch anſehend.

Mr. Leslie hatte jedes Wort dieſes Geſprächs
vernommen. Ein tiefer Seufzer hob ſeine Bruſt.
So ſtrahlend hatte auch er Maria noch niemals ge=
ſehen. War es denn die Freude nach Deutſchland
zurückzukehren, welche dieſe Verwandlung hervor=
gebracht?

Scherzend fuhr inzwiſchen der Doktor fort:

„Und der 12. Juli iſt wohl auch ſo ein Glücks=
tag für Sie geweſen? Kaum aus dem Waſſer ge=

zogen, versicherten Sie mir damals, Sie befänden
sich himmlisch!"

Ein dunkles Roth bedeckte momentan das schöne
Mädchenantlitz, indem sie einen raschen Blick nach
dem Vormunde hinüber warf. Hatte er etwa diese
Frage gehört? Aber Mr. Leslie stand ernst und
theilnahmlos an der Gartentreppe, und nicht ein
einziger Blick aus den grauen Augen bekundete,
daß er das Gespräch belauscht. Trotzdem sagte sie,
um ihre Verlegenheit zu verbergen, mit schelmischem
Lächeln:

„Sie wissen ja, daß ich in einigen Tagen nach
meinem Vaterlande zurückkehre. Ist das nicht Grund
genug, so recht von Herzen froh zu sein?"

„O schweigen Sie mir von Ihrer Abreise,
Fräulein Arnold!" rief Doktor Bodenhausen beinahe
heftig. „Der Gedanke daran macht mich fuchswild.
Soll ich offen und ehrlich meine Meinung sagen:
ich glaube noch nicht daran. Man hat ja oft im
Leben eine vorübergehende Idee, die dann niemals
zur Ausführung kommt. Ueberlegen Sie sich nur
die Sache noch einmal reiflich!"

„Nein, nein, ich muß!" war Maria's seufzend
gegebene Antwort.

„Also, Sie müssen auch? Das ist merkwürdig.
Dann . . ."

Mr. Leslie hörte nichts weiter, da das junge Mädchen seinen Arm in den des Doktors gelegt hatte und in den Garten hineingeschritten war.

„Ja, sie geht fort!" kam es in einem bitteren Tone flüsternd über seine Lippen. „Sie geht zurück an die Stätte, wo ich einst ihrem Vater gelobt habe, sie zu schützen — das ganze lange Leben; wo ich gelobte, sie einst mein Weib zu nennen! Ich kann mein Wort nicht halten. Vergieb mir, Richard Arnold! Der süße Traum ist vorüber!"

Und die Welt, was würde diese sagen, was seine Freunde und Bekannten? dachte er weiter. Längst war es ihm aufgefallen, daß man ihn und das schöne deutsche Mädchen mit bedeutsamen Blicken betrachtete, welche seit dem Yacht=Unglücke und seit Maria's Rettung durch ihn noch forschender geworden waren, als erwarte man eine baldige Erklärung.

„Doch — doch irrt Ihr Euch Alle!" stieß er schmerzlich hervor. „Vorüber!" — — —

Der letzte Wagen war davon gerollt, und die Familie befand sich wieder allein in dem von heißer Atmosphäre, von süßduftenden Parfüms erfüllten großen Mittelsalon der Cottage. Obgleich die Thüren nach der Veranda weit geöffnet waren und die frische balsamische Luft der Sommernacht unge=

hindert hereinströmen ließen, so lag es doch wie eine
drückende Schwüle auf den Anwesenden. Keines
sprach. Jeder wußte genau, was nun kommen
würde. Mr. Leslie wollte Abschied nehmen. Seine
Stiefmutter hatte sich wie ermattet in einen Fauteuil
zurück gelehnt und die Augen beinahe geschlossen.
Sie mochte wohl von Allen am wenigsten durch die
nach ihrer Ansicht jetzt unvermeidlich erscheinenden
kleinen Rührscenen in Aufregung versetzt werden.
Nur manchmal glitt ein flüchtiger scharfer Blick nach
Alice hinüber, deren so sonderbares Benehmen sie
heute auffallend beunruhigte. Eben stand diese an
einem der geöffneten Fenster und zerpflückte mit
fieberhaft unruhigen Fingern ihr prachtvolles Bouquet,
von Zeit zu Zeit eine Handvoll Rosenblätter hinaus=
werfend. Das liebreizende Gesicht war unbewegt,
beinahe starr in seinem Ausdrucke und von einer
wachsartigen Blässe überzogen. Nur der Busen hob
und senkte sich sichtbar, dadurch die leidenschaftliche
Erregung ihres Inneren verrathend. Auch Maria
beobachtete die junge Frau, und tiefes Mitleid er=
füllte ihr edles Herz. War sie nicht selbst Schuld
daran, daß Alice all' ihre Hoffnungen und Wünsche
zu Grabe getragen — hatte das Schicksal nicht gerade
sie zwischen die Stiefgeschwister gedrängt? Arme
Alice! —

Mr. Leslie legte nun das Buch, worin er an=
scheinend gelesen, auf den Tisch. Es war nicht
schwer zu erkennen, daß er zögerte. Nach einer
Weile erhob er sich und schritt zu seiner Mutter,
welche aus ihrer liegenden Stellung sich ein wenig
emporrichtete und ihm freundlich in die Augen sah.

„Ich möchte Dir jetzt Lebewohl sagen, Mutter!"
begann er ruhig, doch mit eigenthümlich bewegter
Stimme. „Du weißt, ich beabsichtige sehr lange
fortzubleiben. Die Weihnachtszeit kann möglicher
Weise herankommen, ehe wir uns wiedersehen.
Daher will ich gern, daß vorher Alles zwischen uns
ausgeglichen werde. Es drängt mich, Dich zu
bitten, meine in heftiger Aufwallung gesprochenen
Worte, die oft vielleicht herber und härter geklungen
haben mögen, als ich es wollte, zu vergeben und
zu vergessen. Und wenn ich wiederkomme, dann
lasse uns in Freundschaft und Ruhe neben=
einander leben. Ich bitte Dich sehr darum! Lebe
wohl!"

Sich etwas zu ihr herabbeugend, küßte er fast
liebevoll ihre Hand. Es war dies eine Galanterie,
welche ihm von seinem europäischen Aufenthalte noch
verblieben.

Mrs. Leslie's kalte Züge überflog für Sekunden
ein selbstbewußtes Lächeln. In diesem Augenblicke

fühlte sie sich Siegerin über den stolzen, sich nun so demüthig ihr nahenden Mann. Beide Hände daher zärtlich auf seine Schultern legend, entgegnete sie in einem Tone, der aus tiefstem Herzen zu kommen und wahrhaft gemeint schien:

„Mein lieber theurer Harry! Wie könntest Du nur denken, ich würde Dir das Geringste nachtragen! Der Himmel bewahre mich davor! Stets bist Du mir ja ein guter aufmerksamer Sohn gewesen, das vergesse ich nie. Und solche kleine Differenzen, wie sie ab und zu zwischen uns stattfanden — well, die kommen ja in jeder Familie vor. Gott schütze Dich, Harry, und verleihe Dir eine glückliche Heim= kehr! Aber warum willst Du schon jetzt Dich zurück= ziehen? Es ist kaum zehn Uhr. Ich dachte, wir nehmen zusammen eine Tasse Thee auf der Veranda."

„Danke, Mutter!" war seine etwas hastige Antwort, als ob es ihn dränge, sobald als möglich, diesem Kreise zu entrinnen. „Ich habe noch so Manches zu ordnen, noch etliche Briefe zu schreiben, und kann es wohl Mitternacht werden, ehe ich damit zu Ende komme. Morgen aber heißt es, früh aufbrechen!"

Indem er nochmals vor ihr sich verbeugte, schritt er eilig zu Alice. Stumm standen Beide eine Weile sich gegenüber. Doch bevor er ein Wort gesprochen, schlang diese, laut und herzzerbrechend aufschluchzend, die Arme um seinen Hals, legte wie todesmatt, den schönen Kopf an seine Brust und flüsterte ganz leise, daß nur ihm ihre Worte verständlich sein konnten:

„O Harry, Harry! Vergieb; — o vergieb mir! Schwer habe ich gesündigt; aber ich habe Dich — so namenlos geliebt! Ich konnte den Gedanken nicht ertragen, Dich zu verlieren!"

„Ich kann Dir nicht vergeben, Alice!" sagte er streng und rauh, jedoch ebenfalls mit halber Stimme. Dabei löste er unsanft sich aus der Umschlingung der zarten Arme und stieß sie heftig fort. „Wenn Du gesündigt hast, so mache es mit Dir selbst und Deinem Gewissen ab. Gott ist Dir gnädig gewesen. Nachsicht und Vergebung verdienst Du nicht. Ich wünsche Dir Ruhe und Frieden im Herzen, lebewohl!"

Und ohne noch einen Blick auf die tief erschütterte junge Frau zu werfen, die mit einem schweren Seufzer, kaum fähig sich aufrecht zu halten, den Salon verließ — (Mrs. Leslie legte diese kleine Scene sich ganz zu ihren Gunsten aus), näherte sich Mr. Leslie jetzt Maria, um auch ihr — es war wohl das Schwerste, was ihm noch bevorstand — die letzten Abschiedsworte zu sagen.

Mit einem süßen liebreizenden Lächeln reichte

diese ihm die Haud entgegen. Sie stand, außer
Hörweite von Mrs. Leslie, in dem großen Zimmer
an den Kamin gelehnt. Nichts von Alle dem, was er
in ihrem Antlitze je bisher wahrgenommen, war
nun darin zu lesen. Fast wie ein Schalk blitzte es
jetzt heraus aus diesen bestrickend schönen Augen,
so daß er in stummem Schreck — in grenzenloser
Verwunderung zu ihr herabschaute. Sie indeß sagte
unbefangen und heiter in ihrer Muttersprache:

„In dieser Stunde lassen Sie mich noch einmal
dem Vormunde danken für all' die große und viele
Mühe, welche er mit dem anvertrauten Gute gehabt
hat, für seine Umsicht und Sorgfalt in allen Dingen,
die ich — Gott im Himmel weiß es! — oft schlecht
und undankbar gelohnt habe! Ein verwöhntes
Kind bin ich gewesen, Mr. Leslie, und habe mich so
widerspenstig, als nur möglich gezeigt! Das fühle
ich jetzt nur zu wohl, und darum möchte ich Sie
bitten — von ganzem Herzen bitten, mir zu verzeihen, um des Vaters — um meinetwillen zu verzeihen! Werden Sie es thun, Mr. Leslie?"

Voll und glänzend blickten diese beiden großen
Sterne zu ihm auf. Was lag in diesem Blicke
plötzlich für ein Uebermaß von hingebender Liebe
— eine Welt von Seligkeit. Er faßte nach seiner
Stirn — ihm schwindelte. Gütiger Gott, was war

das? Spottete sie, wollte sie ihn höhnen?! —
Kälte und Stolz waren verschwunden, und nur ein
schüchternes liebliches Mädchenangesicht blickte zu ihm
empor. Der weltgewandte ruhige Mann rang nach
Worten. Gewiß sie spottete. Auch das noch! —
Vergeben sollte er ihr? Aber was denn eigentlich?
Die tiefe Herzenswunde hatte sie ihm ja unabsicht=
lich beigebracht, und alles Andere, die kleinen
Reibungen und Dispute, sie hatten nur dazu bei=
getragen, den heimlich glimmenden Funken in seinem
Inneren zur helllodernden Flamme der Leidenschaft
anzufachen. Doch weshalb quälte sie ihn nur immer
wieder mit jenen Erinnerungen? Das war nicht
edel von ihr. Als er einigermaßen sich gefaßt, sagte
er daher schnell mit einem leisen Anfluge von Ironie:

„Es will mich dünken, als mache die Freude,
zurück nach Deutschland zu gehen, Sie großmüthig.
Diese Worte aus Ihrem Munde überraschen mich.
Wozu ein Dank? Wir sind ja quitt, Maria! Das
Opfer, welches Sie mir zu bringen sich entschlossen,
ist größer als Alles, was ich je für Sie gethan, ja
für Sie thun konnte. Ich habe nur gehandelt, wie
an meiner Stelle jeder andere Mann auch gehandelt
haben würde, wie überhaupt einem Gentleman ge=
ziemt. Voilà tout!"

Noch immer blickte sie voll und zärtlich zu ihm

auf. Nicht die geringste Veränderung brachten seine abweisenden Worte in ihren Zügen hervor. Schon begann sein Herz in wilden Schlägen zu pochen. Allmächtiger —, wenn — wenn . . .?! Nein, nein, der Gedanke war ja Wahnsinn! Die Hitze, die Aufregung der letzten Tage, der Abschied —, Alles das verwirrte ihm sein klares Denken! Nur fort, so schnell wie möglich fort! Sein letzter Händedruck war deshalb kurz, fast kalt. Nur die Stimme zitterte, und die Lippen bebten ein klein wenig, indem er leise sagte:

„Good bye, Maria, God bless you!"

Dann schritt er schnell aus dem Zimmer. —

Es war nahe an Mitternacht. In der Villa schien Alles schon im tiefsten Schlummer zu liegen. Nur aus Maria's Zimmer im zweiten Stockwerke schimmerten gedämpfte Lichtstrahlen. Das junge Mädchen stand, noch in vollster Gesellschaftstoilette, die ein wenig geöffnete Thür in der Hand, und lauschte ängstlich hinaus auf den Korridor.

„Ich muß jetzt hinunter!" flüsterte sie leise. „Bis zwölf Uhr wollte er arbeiten. O Gott, wie das Herz mir klopft! Woher soll ich nur Muth und Kraft nehmen, ihm entgegenzutreten? Wird er deshalb mich nicht verachten? Ach, Tante Clara, was würdest Du zu diesem Schritte sagen? — Aber

ich muß — ich muß! Den Gedanken an sein schmerz-
erfülltes Antlitz kann ich länger nicht ertragen, und
es kostet mich ja nur ein Wort!"

Die lange Schleppe ihres seidenen Gewandes
über den Arm nehmend, schritt sie zaghaft die
Treppe hinab, wo der dicke Teppich ihre Schritte
unhörbar machte. Endlich gelangte sie in die Halle.
Dort, wie gewöhnlich, saß der alte Neger, welcher
eingeschlummert war. An ihm mußte Maria vor-
überschreiten. Erschreckt durch das leise Rauschen
des Kleides, schlug er plötzlich die Augen auf. Sie
deutete nur nach Mr. Leslie's Zimmern, die auch
hier in der Cottage sich zu ebener Erde befanden,
worauf er halb verständnißvoll einige Male mit
dem Kopfe nickte, doch alsbald wieder einschlief.
Nun öffnete sie die Thüre und trat ein.

Maria kannte diese Räume nicht, hatte dieselben
niemals betreten, wußte also auch nicht, daß man
zunächst ein dunkles Vorgemach betrat. Doch dort
im zweiten, ihr gerade gegenüber, brannte eine ver-
hangene Lampe, dort vor seinem Schreibtische, den
Kopf wie ermüdet auf die Hand gestützt und in
tiefe Gedanken versunken, saß Mr. Leslie. Das
Licht fiel grell auf seine charaktervollen geistreichen
Züge; jetzt waren sie ernst und traurig.

Noch wenige Schritte und das junge Mädchen

stand hinter seinem Stuhle. Auch hier dämpfte der
weiche Teppich ihren Tritt. Aber plötzlich machte
sie Halt und lehnte sich, überwältigt von ihren
Gefühlen, nach frischem Muth und neuer Kraft
ringend, die Hände gegen das wildklopfende Herz
pressend — zitternd an den nächsten Sessel.

Mr. Leslie war, als er den Salon seiner Stief=
mutter verlassen, nach seinem Wohnzimmer hinab=
geschritten, in der Absicht, noch einige Stunden
ungestört zu arbeiten. Doch es fehlte ihm die Gemüths=
ruhe und Lust dazu. Er fühlte sich müde und ab=
gespannt, und jeder klare Gedanke wurde durch
Maria's zuletzt gesprochenen Worte verdrängt, welche
er nicht aufhören konnte, sich zu wiederholen. Immer
wieder sah er im Geiste diese beiden strahlenden
Augen vor sich. O, wie verstanden sie es, zärtlich
zu blicken! Wie hatte er doch in wahnsinniger
Verblendung gehofft, dieser glückverheißende Aus=
druck gälte ihm!

„Thor, der ich war!" flüsterte er schmerzlich be=
wegt. „Es ist ja nun Alles aus zwischen uns.
Dieses mir so theure Antlitz soll ich nie mehr wieder=
sehen! Werde ich das überhaupt ertragen? Und
nicht einmal ein Bild von ihr besitze ich! Warum
unterließ ich es, sie darum zu bitten? Nun ist es

zu spät. Das kurze Glück ist geschwunden! — Nein, es war ja nur ein Traum, eine Illusion gewesen!"

Da leuchtete ein freudiger Gedanke in ihm auf. Richard Arnold hatte ihm ja einst eine kleine Photographie von ihr gegeben. Mit eiligen Fingern öffnete er ein geheimes Fach des Schreibtisches. Aber wo lag nur dieses Kleinod? In Hast und Unruhe durchwühlte er die peinlich geordneten Papiere. Nichts! — Allein nun besann er sich, unter anderen Sachen ein altes grün saffianes Portefeuille von New=York mit herübergebracht zu haben. Dieses enthielt außer Korrespondenzen längst vergangener Tage auch Richard Arnolds Freundesbriefe. Darin mußte sich die Photographie befinden. Hastig erschloß er ein anderes Fach, und da lag der ängstlich gesuchte Gegenstand vor seinen Augen. Maria's Bild war in seiner Hand. Freilich nicht ihr Abbild von jetzt! Denn hier lächelte ihm das runde liebreizende Gesichtchen eines zwölfjährigen Kindes entgegen. Aber die großen, berückend schönen Augen blickten heute noch genau so wie damals, so stolz und trotzig, und das genügte ihm. Doch hier, neben dem Bilde —, was war das? — Ein Papier! — Himmel, da lag er ja, der längst vermißte Depositenschein! Seltsam! Wie kam er nur an diesen Platz? — — Ja, ja, nun mit einem Male ward ihm

Alles klar. Damals, einige Stunden vor Maria's Ankunft, gab ihm Mr. Remsey den Schein, und gerade am selben Tage hatte er sich das kleine Bild hervorgeholt, um es mit dem Originale, welches die Jahre zur blühend schönen Jungfrau entfaltet, zu vergleichen. Was nützte jetzt ihm das Papier? Die Sache war ja längst erledigt und vergessen; es mahnte ihn nur schmerzlich an jene Zeit, wo er sie noch zu erringen hoffte, ihr noch schützend zur Seite stehen konnte! Tief und schwer seufzte er auf.

Ein leises wundersames Rauschen ließ ihn schnell und erschreckt sich umwenden. Hinter seinem Sitze stand Maria — zitternd — todtenbleich.

„Um des Himmels Willen! Was ist geschehen?" rief er emporspringend und fast entsetzt in die flehentlich zu ihm aufschauenden Augen blickend. „Bedürfen Sie meines Schutzes? Was führte Sie um diese Stunde zu mir, hier in mein Zimmer?"

„O bitte, erschrecken Sie nicht, Mr. Leslie! Geschehen ist nichts," erwiderte das junge Mädchen leise mit stockender Stimme. „Nur ich selbst — die Angst — ich wollte Sie nur noch — um etwas bitten!"

„Mich bitten?!" fragte er staunend, während seine Hände sich gegen die heftig arbeitende Brust preßten, vielleicht nur, um das leidenschaftliche Klopfen des Herzens nicht zu verrathen. „Maria!

Gott im Himmel! So hätte meine Ahnung, mein Gefühl mich heute doch nicht genarrt? O nur keine Täuschung jetzt — jetzt —! Ich könnte eine solche nicht mehr überwinden!" Halb stöhnend kamen diese Worte über seine Lippen.

„Nein, nein, keine Täuschung mehr!" stieß sie gewaltsam hervor, da ihr die Stimme zu versagen drohte. „O Harry, gehen Sie nicht nach dem Süden — darum flehe ich Sie an! Denn — denn auch ich vermöchte die Trennung nicht zu ertragen!"

Da war es gesprochen, das gefürchtete Wort und hochathmend lehnte sie sich an die Lehne seines Sessels.

In seligem Schreck, das eben erst so schmerz-erfüllte Antlitz von ahnender Wonne wieder-strahlend, stand er vor ihr. Noch schien die volle Bedeutung ihrer Worte ihm nicht ganz klar geworden. Allzu mächtig brach die Sonne des Glücks hervor aus dunkler Nacht, ihn mit ihrem golbig-blendenden Lichte umfangend! Aber da tönte es ja noch einmal, wie überirdische Musik von ihren Lippen, und jetzt erst wußte, fühlte er, daß der süße Traum, die berückend schöne Illusion in Wirklichkeit verwandelt ward.

„O stoßen Sie mich jetzt nicht mehr von sich, Harry!" flüsterte sie leise, das Antlitz vom tiefsten

Purpur übergossen. „Glauben Sie mir, niemals
dachte ich an Opfer, nur mein thörichter, kindischer
Trotz hielt mich zurück, Ihnen zu gestehen, — daß
— — daß ich — — O Harry, ich bringe es auch
jetzt nicht über meine Lippen —, daß es nur ein
einziges Glück auf Erden für mich giebt, wenn —
wir des Vaters Wunsch erfüllen!"

Mr. Leslie antwortete nicht. Nur die Arme
breitete er aus und zog die zitternde schamerfüllte
Mädchengestalt an seine laut klopfende Brust.

„Du liebst mich, Ria?!" kam es endlich jubelnd
aus seinem Munde. „Du bittest mich zu bleiben!
Meinst Du, ich könnte jetzt fort? Weißt Du denn
garnicht, was es für mich hieße: von Dir zu gehen!
Ahnest Du denn nicht, daß ich Dich liebe, o lange,
lange schon?"

„Ich weiß es, Harry!" entgegnete sie, die
Augen schüchtern senkend. „Damals in der Kajüte
hast Du es mir ja selbst gesagt!"

„Und Du hörtest meine Worte, darling?"

„Alles hörte ich; denn bis dahin glaubte ich,
Du liebtest Alicen. Deshalb wies ich ja auch Deinen
ersten Antrag so schroff zurück!" erwiderte sie zagend,
den schönen Kopf an seiner Brust bergend.

„Dann segne ich diesen Tag!" rief Mr. Leslie

laut und freudig. „Denn ihm danke ich das höchste Erdenglück, die Erfüllung meiner heißesten Wünsche!"

Ihre Lippen begegneten sich im ersten seligen Kusse.

Draußen in der Halle schlug es 12 Uhr; und bald darauf ließ sich an der Thür ein schwaches Klopfen vernehmen. Leise wurde sie geöffnet. Der wollige Kopf des alten Negers schaute ins Zimmer. Aber was sah dieser dort? Ben hatte jedenfalls Maria's Erscheinen in der Halle für einen schönen Traum gehalten; träumte er jetzt noch weiter? Seine dunklen runden Augen öffneten sich groß und starrten in unsagbarer Ueberraschung nach dem ihm so fremden Bilde.

„Komme nur herein, Ben!" rief Mr. Leslie heiter, ohne das junge Mädchen aus seinen Armen zu lassen. Grade Du sollst mir zuerst Glück wünschen! Dir danke ich ja das theure Leben. Siehst Du, nun ist Miß Mary meine Braut, und bald wird sie mein geliebtes Weib und Deine gütige Herrin sein!"

Der alte Mann trat verlegen näher. Ein Schluchzen kaum unterdrückend, stammelte er nur die Worte:

„Gott segne Sie Beide, Herr! Gott segne Sie tausend Mal!" Dann schlich er, dicke Thränen=

tropfen von seiner braunen Wange wischend, leise
wieder aus dem Zimmer.

„Willst Du mich nun hinauflassen, Harry?"
flüsterte Maria, indem sie sich aus den fest um=
schlingenden Armen wand.

„Ja, ich lasse Dich frei — bis morgen, Ria,
mein süßes Lieb!" erwiderte er, ihre Hände immer
noch in den seinen haltend. Und während er nach
dem Bilde Richard Arnolds, welches auf seinem
Schreibtische stand, zeigte, rief er mit tiefbewegter
Stimme:

„Die Kämpfe sind vorüber; — mein Wort ist
gelöst; nun beginnt das Glück!"

Zwölftes Kapitel.

Mrs. Leslie's Zorn, ihre stille Wuth zu be=
schreiben, vermöchte keine Feder, als Harry am
nächsten Morgen ihr in seiner ruhigen, gemessenen
Weise erklärte, er würde nicht nach Süd=Karolina
reisen, sondern in Kürze seine und Maria Arnolds
Vermählung feiern, mit welcher er sich noch gestern
Abend verlobt habe. Krampfhaft zuckten ihre Lippen
und verächtlich warf sie hin:

„Dann gehe ich. Nicht einen Tag länger will
ich hier im Hause, unter demselben Dache mit einem
Mädchen bleiben, welches sich in später Nacht noch
Rendezvous mit meinem Stiefsohne giebt. Das ist
empörend, ich habe kaum Worte, welche meine Ver=
achtung . . .“

Weiter kam sie nicht. Mr. Leslie machte ihr
eine kurze Verbeugung und ließ die erzürnte Dame
stehen. Dieselbe war natürlich klug genug, den

Zusammenhang zu ahnen und zu kombiniren. Ihr
stolzes, ehrgeiziges Herz bebte vor innerer Wuth.
Das verhaßte deutsche Mädchen hatte sie doch über=
listet, ihr Spiel war verloren.

Und als wirklich noch am selben Nachmittage
sein Wagen Mrs. Leslie und Alice Hennington —
ohne Abschied für immer aus seinem Hause ent=
führte, da hob nur ein Seufzer der Erleichterung
seine Brust.

Eine Stunde darauf begleitete er Maria nach
New=York und sie betraten das Studirzimmer Doktor
Bodenhausens, des alten bewährten Freundes, wel=
cher in Gesellschaft seiner Gattin beim traulichen
fife o'clock tea saß.

„Hier bringe ich Ihnen meine Braut, Frau
Doktorin!" rief Mr. Leslie fröhlich, allein in einem
ungewöhnlich bewegten Tone. „Wollen Sie diesen
Schatz mir so lange hüten, bis ich ihn für immer
in mein Haus hole?"

Die alten Leute waren beide aufgestanden und
eine stumme Ueberraschung malte sich in ihren
Zügen. Fast ungläubig blickten sie in seine strah=
lenden Augen, prüfend in das tief erglühte Mädchen=
gesicht; aber was dort zu lesen stand, sagte mehr,
als alle Worte.

Endlich fand der Doktor seine Sprache wieder.

Doch hinter der goldenen Brille schimmerte es dieses
Mal merklich feucht, als er ausrief:

„Weiß Gott, Harry, Sie verstehen es, die
Menschheit zu überrumpeln! Ich halte dies aber
für die Hauptsache, weil dann die Freude um so
größer ist. Mein innigster Wunsch hat sich nun
erfüllt; denn Sie wissen ja längst, wie theuer Sie
uns stets gewesen, wie lieb uns auch Maria ge=
worden ist!"

Die Stimme versagte ihm, und nur immer
von Neuem schüttelte er dem Brautpaare die Hände.
Auch Mrs. Bodenhausen ließ nach Frauenart jetzt
ihren Gefühlen freien Lauf und versicherte, unter
Thränen lächelnd, daß sie es schon längst geahnt
habe, daß es ja so kommen mußte!

Als spät am Abend Mr. Leslie sich von seiner
Braut und den alten Freunden verabschiedete, fragte
er, zärtlich seinen Arm um Maria schlingend, noch
einmal:

„Wirst Du mich nun auch nicht gar zu lange
mehr allein lassen, Ria? Darf ich bald den Tag
bestimmen, der mir mein Weib, die treue Gefährtin
meines Lebens zuführen soll?"

„Ja, Du darfst es, Harry!" entgegnete sie freu=
dig, ihre schönen Augen in unsagbarer Liebe zu ihm

aufrichtend. „Nimm mich hin! Meine Heimat ist von nun an nur an Deinem Herzen!"

*   *   *

Dreiviertel Jahre später etwa erhielt Clara Werner folgenden, sie mit Glück und Freude erfüllenden Brief aus New-York. Wenn sie gleich, nach der Verheirathung ihres Zöglings, in dem Herzen der jungen Frau, wie selbstverständlich, nicht mehr den ersten Platz behauptete, so hatte sich doch in deren Vertrauen zu der treuen mütterlichen Freundin nichts geändert; und das genügte dem selbst- und anspruchslosen Gemüthe derselben vollkommen, wußte sie ja doch das verwaiste Mädchen jetzt in einem besseren und sicherern Schutze, als sie selbst Maria je hätte angedeihen lassen können.

Clara Werner bewohnte seit dem Tode ihres Bruders wieder ihr altes, trautes gemeinschaftliches Heim, Richard Arnolds Villa in F., nachdem sie endlich den bringenden Bitten von Mrs. Maria Leslie nachgegeben. Dem Wunsche des jungen Paares, ganz zu ihnen nach New-York überzusiedeln, war sie jedoch ablehnend und auf das Entschiedenste entgegengetreten. Nur flogen von Zeit zu Zeit warm und tiefempfundene und ebenso von Herzen erwiderte Freundesworte über das weite Meer. Das

letzte Schreiben der jungen Frau hatte aber in dem
so friedlich dahinfließenden Leben der alten Dame
einen wahren Sturm von Freude und Aufregung
hervorgerufen. Alles was an Wünschen in Clara
Werners treuer Seele bisher noch geschlummert,
schien sich jetzt auf das Glänzendste zu erfüllen.

Mrs. Maria Leslie schrieb:

„Liebste Tante Clara, dear old Ma!

Andere Leute sparen sich das Beste und In-
teressanteste eines Briefes bis zuletzt auf. Ich
mache es umgekehrt, schreibe das Wichtigste vor-
weg; denn es ist mir wirklich nicht möglich, mit
dieser Neuigkeit zurückzuhalten. Also: Wir kommen — zu Dir — nach Deutschland! Weißt Du,
daß ich, als Harry mich mit diesem Plane überraschte, einen halben Tag geweint habe, und er
darüber fast eifersüchtig wurde. O Tante Clara!
Du aber begreifst meine Gefühle, Du weißt, daß
in meinem Herzen, welches mit jeder Fiber für
ihn schlägt, welches mit den wärmsten Sympa-
thieen für sein Vaterland erfüllt ist, trotzdem ein
einziger kleiner Reliquien-Schrein sich befindet, in
dem die Erinnerungen an die Vergangenheit —
an meine Kindheit ruhen.

„Unsere Reise, welche wir in vielleicht vierzehn Tagen anzutreten beabsichtigen, wird kein

flüchtiger Besuch sein. Harry will fürs Erste London, Paris und den Rhein mit mir besuchen, und dann, um die Zeit, wo die Linden und Rosen in Deutschland blühen, halten wir unseren Einzug bei Dir!

„In Deinem letzten Briefe fragst Du mich, ob ich glücklich bin, Tante Clara? Glücklich! — Welch nichtssagendes Wort ist das! Jeder Tag, jede Stunde läßt mich fühlen, daß die Frau eines echten Mannes zu sein, der Inbegriff aller irdischen Seligkeit ist. Bin ich es denn auch werth, daß Gott mich so reich mit seiner Gnade segnet, daß er unausgesetzt mit Beweisen seiner Güte mich überschüttet? Das größte, reinste Erdenglück winkt ahnungs= und verheißungsvoll entgegen; aber davon erzähle ich Dir lieber mündlich, dear old Ma! Mein Herz ist zu voll, als daß ich geschriebene Worte dafür fände!

„Von Mrs. Leslie und ihrer Tochter möchtest Du Einiges wissen. Wir hören von Beiden wenig. Erstere lebte bald nach dem Fortgange aus unserem Hause nur auf Reisen, hat sich aber jetzt — durch Harry's Großmuth — ein neues Heim geschaffen — in Gestalt eines schönen Landsitzes in Pennsylvanien. Und Alice heißt seit zwei Monaten: Mrs. Wording. Ich begegnete vor einigen Tagen ihrer glänzenden Equipage im Central=Park. Strahlend schön sah sie aus, aber zu kennen schien sie mich nicht. Hoffentlich ist sie glücklich. Adolf Gerhard machte uns gestern seinen Abschiedsbesuch; er schließt sich der nächsten Stanley'schen Expedition nach dem Innern Afrikas an.

„Ich schäme mich fast, heute diesen kurzen flüchtigen Brief die weite Reise über das Meer machen zu lassen. Indeß es ist der letzte vor unserer Abreise; und Harry trägt mir viel Schönes an Dich auf und aus vollem Herzen ruft Dir zu auf Wiedersehen!

Deine Ria.“

„Nachschrift:
Bobenhausens lassen vielmals grüßen, und Ben kommt mit uns nach Thüringen.“

E n d e.